WE
BECOME WHAT
WE
THINK ABOUT

| 얼 나이팅게일 Earl Nightingale

얼 나이팅게일은 12살이 되었을 무렵 성공의 비밀을 찾기로 마음 먹었다. 그때만 해도 까맣게 몰랐을 것이다. 전 세계 수백만 명이 부와 성공의 실마리를 찾을 수 있게 도와줄 공식을 발견할 줄은.

그는 인생에 두 가지 큰 목표를 세웠다. 성공의 비밀을 찾아내는 것과 책을 직접 쓰는 것이었다. 그는 라디오 방송국에서 아나운서로 일했으며 후에 자신만의 방송을 만들었다. 직접 대본을 쓰고 마이크 앞에 앉아 많은 사람에게 깊은 영감을 주는 메시지를 전했다. 그의 방송이 큰 성공을 얻으며 책을 쓰고 싶다는 평생의 소원도 이루었다. 그가 쓴 책 《사람은 생각하는 대로 된다》는 나폴레옹 힐 재단에서 수여하는 골드 메달을 받았다. 그가 전하는 놀라운 메시지는 그가 언제나 곁에 두었던 메모장에서 시작되었다. 또한 그가 이 책에서 소개한 '스파키' 이야기는 각종 교재에 여러 차례 수록되어 실패하고 좌절한 청소년들에게 큰 희망과 용기를 주었다.

이 책에 담긴 성공의 비밀은 오랜 시간이 지난 지금까지도 여전히 전 세계 사람들에게 영감을 주고 있다.

얼 나이팅게일은 20세기의 가장 위대한 철학자로 인정받고 있다. 그의 이야기를 듣기 위해 대통령이 백악관에 초청하였고, 엘리자베스 여왕의 초대를 받아 영국에 방문하기도 했다. 그는 전 세계 여러 도시에서 러브콜을 받았고 국내외 고위인사들과 만나며 그가 깨달은 인생의 진리를 전했다.

얼 나이팅게일은 1989년 3월 25일에 세상을 떠났다. 그는 마지막까지 생각이 가진 놀라운 힘을 일깨울 수 있도록 긍정적 사고, 동기부여, 잠재력 등을 가르쳤으며 웨인 다이어, 밥 프록터 등 수많은 사람에게 영감을 주었다.

컬럼비아 레코드Columbia Records에서 골드 레코드Gold Record, 토스트마스터즈 인터내셔널Toastmasters International에서 Golden Gavel Award 등 다양한 상을 받았으며 전미 라디오 방송인협회National Speakers Association 명예의 전당에 헌액되었다.

| 옮긴이 정지현

스무 살 때 남동생의 부탁으로 두툼한 신시사이저 사용설명서를 번역해준 것을 계기로 번역의 매력과 재미에 빠졌다. 대학 졸업 후 출판번역 에이전시 베네트랜스 전속 번역가로 활동 중이며 현재 미국에 거주하면서 책을 번역한다.

옮긴 책으로는 《타이탄의 도구들》, 《신경끄기 육아》, 《나는 왜 생각을 멈출 수 없을까》, 《히어로의 공식》, 《빌런의 공식》 등이 있다.

EARL NIGHTINGALE

얼 나이팅게일 지음 | 정지현 옮김

WE BECOME WHAT WE THINK ABOUT

빌리버튼

✦ 다이애나에게 ✦
지구가 태양에 고마워하듯

✦ 차례 ✦

....

하와이에서 가족들과 휴가를 보내고 있는데 비서에게 전화가 왔다. "돌아오실 때까지 모든 업무를 미뤄두라고 하셨지만 이 소식은 꼭 전해드려야 할 것 같아서요."

"중요한 일이어야 할 거야. 난 정말 앞으로 몇 주 동안 아무것도 생각하고 싶지 않거든." 내가 대답했다.

"얼 나이팅게일 님이 이번에 출간할 책에 들어간 추천사를 부탁하셨습니다. 그분의 테이프를 자주 들으시면서 안에 담긴 메시지가 얼마나 대단한지 열정적으로 말씀하셨잖아요. 그래서 꼭 알려드려야겠다 싶었습니다."

5분 후에 나는 얼과 통화를 했고 이야기가 끝나자마자 아내에게 말했다.

"믿을 수가 없어. 얼 나이팅게일이 나에게 책에 들어갈 추천사를 써 달래. 이런 영광이 또 있나!"

얼의 오디오 테이프는 아주 오래전부터 나에게 영감을 주었다. 나는 그 작은 테이프에 담긴 말들을 항상 실천해왔지만 그 내용을 인쇄물로는 만나볼 수 없었다. 나는 수년 동안 나를 찾아온 많은 고객에게 얼의 테이프를 꼭 들어보라고 추천했고 내 아이들에게도 듣게 했다. 비즈니스로 얽힌 지인들, 친구들, 점원들, 심지어 진실의 빛이 필요해 보이는 잘 모르는 사람들에게까지 추천했다. 그들에게 찬찬히 잘 들어보고 그 메시지를 어떻게 적용할 수 있을지 말해달라고 했다.

그러니 내가 이 책에 추천사를 써달라는 부탁을 받았을 때 얼마나 흥분했는지 짐작되고도 남을 것이다. 이 놀라운 책에 들어갈 말을 써달라는 부탁을 받다니 너무도 영광스럽고 감격스러웠다. 왠지 잘 어울린다는 생각도 했다. 나는 얼의 테이프의 가치를 아는 축복받은 사람이니까.

나는 *그*가 전하는 지식을 어렸을 때부터 활용했다. 이 책에 담긴 본질적인 메시지를 내 삶에 적용했고 내가 지금까지 누린 모든 성공은 얼의 테이프에 담긴 성공의 비밀을 활용한 덕분이었다. 나는 1940년에 지구별에 처음 등장했을 때부터 그 성공의 비밀을 실천했다. 얼의 오디오 테이프와 진즉 나왔어야 했을 이 책 덕분에 "그래, 그의 이야기가 정말로 효과가 있었어."라고 내 경험을 생생하게 설명할 수 있게 되었다.

나, 웨인 다이어에게 얼은 내면의 신호에 따라 살아가는 삶을 알려주었다. 다른 많은 사람에게도 그는 스스로 만들고 지키기를 강요하는 생각의 틀에서 벗어나는 방법을 전한다.

얼의 오디오 테이프와 이 책을 어떻게 활용하는지는 중요하지 않다. 깨달음의 여정에서 어느 지점을 지나고 있는지는 사람마다 다르지만 이제 그 지식을 책으로 만나볼 수 있게 되었으니 어쨌든 훨씬 더 많은 사람이 얼이 말하는 성공의 비밀을 알게 되었다. "우리는 오직 다른 사람에게 도움이 되기 위해서 존재한다."라는 얼의 말도 적절하다. 정말로 그는 평생 다른 사람들을 위해 봉사했다. 이 책의 출판과 함께 그의 봉사 인생은 영원히 기억될 것이다.

이제 전 세계의 도서관에는 얼 나이팅게일의 《사람은 생각하는 대로 된다》가 진열될 것이다. 다음 세대에, 아니, 천 년 뒤에도 아직 태어나지 않은 호기심 많은 아이들이 이 보석 같은 책을 훑어볼 것이다. 처음부터 그랬어야 했지만 마침내 책이라는 영원한 매체로 만들어져 모든 언어로 누구나 이용할 수 있게 되었다.

물론 녹음 테이프도 진실과 아름다움의 조각을 경험하는 훌륭한 방법이다. 하지만 책은 몸을 웅크리고 함께 시간을 보내고 비행기 안에서 펼쳐보고 옆에 두고 힘들 때마다 참고할 수 있다. 나는 얼의 메시지가 책으로 나와서 정말 기쁘다. 당연히 책으로 만들어질 가치가 있으니까!

어렸을 때 한 여성이 이 책의 메시지가 함축된 한마디를 해주었다.

"웨인, 나쁜 일이 일어나기를 바라지 않는다면, 좋은 일이 일어나기를 바란다면 생각을 조심해야 한다. 너는 네가 생각하는 대로 될 것이기 때문이야. 그건 밤이 지나면 새벽이 오는 것처럼 확실한 사실이란다. 항상 기억해라, 생각이 실체라는 것을!"

모든 세계를 감싸는 마법 같은 한마디. 생각은 실체다!

얼의 책을 읽으면서 이 말에 대해 곰곰이 생각해보기를 바란다. 생각은 우주에서 가장 강력한 힘이다. 생각이 나를 위해 일하게 하는 방법을 배운다면 우리는 원하는 삶을 살 수 있다.

오늘날 크리에이티브 이미지, 시각화, 자기대화, 성공 이미지, 긍정 확언 같은 주제의 워크숍이 널리 진행되고 있다. 그 주제에 관한 책들이 쓰이고 과학자들과 실용주의자들도 이 영역을 탐험하기 시작했다. 교육, 사업, 종교, 의학, 사실상 인간의 모든 탐구 분야에서 이제 태도와 생각을 중요하게 보고 있다.

비즈니스 리더들은 기업의 수익성을 올리기 위해 직원들의 창의적인 사고 능력과 태도를 교육하는 데에 수백만 달러를 쓴다. 한때 마음의 치유 능력을 경멸했던 의과대학에서는 웰니스 교육과 시각화 같은 특별 과목을 전체 치유 과정에 포함시켰다. 교육자들은 아이들에게 자기 인식의 형성과 성공적인 삶을 위한 '자기대화'의 중요성을 이해시키려고 노력한다.

이처럼 자신이 원하는 존재가 되기 위해 무한하고 긍정적인 발전 가능성을 어떻게 생각하고 사용할 것인지가 그 어느 때보다 중요해졌다. 이 '새로운 생각' 또는 '새로운 시대'를 이끌어낸 생각은 얼 나이팅게일이 이 책에 담아둔 개념에서 비롯되었다. 생각은 실체다! 긍정적인 생각은 긍정적인 이미지를 만든다. 이제 우리는 이전에 의식을 가득 채우고 있던 부정적이고 자기 연민적인 생각이 아니라 그 긍정적인 이미지에 따라 행동해야 한다.

건강한 생각의 첫 번째 효과는 바로 건강이다. 삶에 대한 의지는 삶에 대한 생각이다. 자신의 능력에 대한 믿음은 자신의 능력에 대한 생각이다. 앞으로 밀고 나가는 인내는 앞으로 밀고 나가고자 하는 생각이다. 행복에 대한 기대는 행복에 대한 생각이다. 사랑받고 싶은 욕망은 사랑받고 싶다는 생각이다. 정말이지 모든 것은 생각으로 귀결된다.

어떤 사람들은 생각이 모든 것을 통제한다는 말이 너무 단순하다고 말할지도 모른다. 하지만 내가 보기에는 투명하기 그지없다. 실제로 우리는 하루도 빠짐없이 매일 '우리가 생각하는 대로 된다.' 나는 이 메시지를 강력하게 믿기 때문에 거기에서 몇 걸음 더 나아간다.

일단 우리가 안에 있는 쓰레기들, 즉 증오, 분노, 두려움, 우울, 불안, 스트레스를 제거하면 마음이 열려서 생각하는 능력을 무제한으로 사용할 수 있게 된다. 내면이 명확하고 중심이 잡혀 있으면 생각의 기적이 일어난다. 잡동사니로 가득했을 때는 상상조차 하지 못했던 수준의 생각이 가능해진다. 그렇다면 어떻게 내면의 쓰레기 더미를 치울 수 있을까? 애초에 그런 쓰레기 더미를 만든 것이 생각이라는 사실을 알아야 한다.

세상에 스트레스는 없고 스트레스를 주는 생각만 존재한다. 세상에 불안은 없고 불안하게 생각하는 사람만 있다. 이 논리는 반박할 수 없다. 생각은 우리의 내면세계를 창조하고, 우리가 창조한 자기 패배를 없앤다. 어떻게 그럴 수 있을까? 매일 매 순간에 생각을 스스로 결정하면 된다. 건강하고 생산적으로 생각하는 습관은 독선적으로 생각하는 습관을 대신할 수 있다.

이 책에서 얼 나이팅게일은 마음이 자신을 위해 일하게 하는 방법을 소개한다. 자신의 생각을 통해 스스로 원하는 모습을 선택하는 사람이 되는 방법을 쉽고 구체적으로 알려준다. 이렇게 간결하고 읽기 쉬운 문체로 된 설명을 본 적이 있었던가.

얼은 복잡해 보이는 것을 상식적으로 바꿔서 간결하게 전달해주는 능력이 있다. 그가 맡아 진행하던 5분짜리 방송 〈변화하는 세상Our Changing World〉은 방송 시간이 짧은 만큼 쓸데없는 것을 전부 없애고 요점만 간단히 말할 필요가 있었다. 그 방송을 수천, 수만 번 하는 동안 그는 요점에 접근하는 훈련을 했다. 이 책에서 그 오랜 세월의 영향을 느낄 수 있을 것이다. 페이지마다 정밀함이 있다. 또한 무수히 많은 '깨달음'의 순간이 당신을 놀라게 할 것이다.

자기계발 분야의 책들은 대부분 참고도서이고 공부가 필요한 지침서다. 믿거나 말거나 이 책은 이 분야에서는 드문 흥미진진한 책이다. 얼의 라디오 방송을 들을 때 다음 내용이 무척 궁금해지는 것처럼 이 책도 빨리 다음 페이지가 읽고 싶어질 것이다.

얼은 철학, 심리학, 사회학, 영어라는 언어에 대한 사랑과 쉽고 일반적인 상식을 합쳐서 내가 자기계발 분야에서 고전이 될 것이라고 확신하는 책을 만들었다. 분류를 거부하는 그만의 장르와 형식을 창조한 이 책은 얼 나이팅게일만의 스타일이라고 할 수 있다.

그의 오디오 테이프에는 특유의 걸걸한 목소리와 거장들의 명언, 가난의 고통과 악취에 끌려다닌 경험에서 알게 된 그의 상식이 합쳐져서 그만의 고유한 특징이 그대로 녹아있다. 물론 이 책도 나이팅게일만의 특별한 스탬프가 찍혀있다. 여기에 다 있다. 당신의 상상력을 깨우는 이야기, 시대를 초월하는 철학, 힘든 삶의 경험에서 나온 지혜, 그리고 당신이 귀 기울이기만 한다면 인생을 바꿔줄 놀라운 조언들까지. 이 책은 내 안에 따사롭게 퍼진다. 그의 생각에 고개를 끄덕이고 인정하게 될 뿐만 아니라 위로가 된다.

이 보석 같은 책의 시작 부분에서 내 생각을 몇 가지 공유하게 되어 무척 기쁘다. 나는 내가 자기계발 분야에 내놓은 많은 책과 오디오가 자랑스럽다. 그리고 그 씨앗은 얼 나이팅게일의 단순한 논리와 강력한 언어가 뿌려준 것이었다.

이 책을 읽으면서 내가 아주 어렸을 때 들었던 강력한 말을 기억하기 바란다. '생각은 실체다.' 이 말을 가슴에 새기자. 생각의 주도권을 잡고 세상을 이롭게 하는 생각들을 행동으로 옮기자. 그러면 자신의 삶을 변화시킬 뿐만 아니라 주변 사람들에게도 긍정적인 변화가 일어날 것이다. 궁극적으로 오직 의식의 변화를 통해서만 세계가 바뀔 수 있다. 이 책의 가장 중요한 영향력이 바로 그것이다. 생각은 당신을 변화시키고 사람들을 변화시키고 세상도 바꿀 수 있다.

얼, 인생을 바꾸는 생각을 책에 담아주어서 감사합니다. 내가 당신의 공헌에 작은 부분이 될 수 있도록 해주어서 감사합니다. 정말로 영광입니다. 이건 비밀이 아니에요!

- 웨인 W. 다이어,
전 세계 5천만 명의 삶을 바꾼 심리학자이자 베스트셀러 저자

행복한 성공으로 가는 필독서

세계적인 성공학의 대가 얼 나이팅게일의 《사람은 생각하는 대로 된다》를 출간한다며 추천사 의뢰를 받았을 때 떨 듯이 기뻤다.

게다가 내가 존경하는 웨인 다이어 박사님의 감동적인 추천사도 수록되어 있다니! 웨인 다이어 박사님도 이 책의 추천사 의뢰를 받았을 때, "얼 나이팅게일이 나에게 책에 들어갈 추천사를 써 달래. 이런 영광이 또 있나!"라고 하셨다는데, 존경하는 두 분의 글에 내 이름이 함께하는 것만으로도 감사한 일이다.

전 세계를 강타한 베스트셀러 《시크릿The Secret》에 주인공인 거장 밥 프록터의 책 4권을 감수하고 추천사를 쓰면서도 꿈을 꾸는 기분이었다. 이번에는 밥 프록터의 오랜 동료였던 얼 나이팅게일까지, 세계적인 대가들의 책에 나의 추천사가 실린다니 꿈인가 생시인가 싶을 정도로 행복하다.

돌아보면 20대 초반까지만 해도 꿈도 꾸지 못했던 일이다. 그 시절 나는 '사람은 생각하는 대로 된다.'는 말을 들으면 비웃었다.

"어떻게 사람 일이 생각하는 대로 돼? 지금 내 생각대로 되는 일이 하나도 없는데, 말도 안 되는 소리 하지도 마!"라고 손사래를 치며 말했다.

지하 사글셋방에서 벗어나지 못하고, 찌질이에 뚱뚱하고 잘하는 것 하나 없었던 나는 매일 죽지 못해 살았다. 부정적이었고 시니컬했던 내 눈에는 늘 세상이 불공평해 보였다. 금수저 물고 태어난 사람들을 부러워하며 내가 아무리 백날 뛰고 날아봐야 그들의 근처에도 못 갈 거라고 생각했다. 그랬던 20대의 나와 지금의 나는 달라도 너무 달라졌다.

Thoughts are things(생각이 실체다)

이 책을 든 당신, 성공하고 싶은가? 그 비밀을 알고 싶은가?

가장 힘들었던 시절, 나에게 큰 영감을 주었고 내 삶을 송두리째 바꾼 모든 내용이 이 책 안에 체계적으로 정리되어 있다. 출간했을 때 100만 부 이상이 팔려나가고 시간이 흐른 지금까지도 사람들이 열광하는 이유는 이 책에는 진리가 담겨 있기 때문이다. 시대는 변해도 진리는 바뀌지 않는다.

얼 나이팅게일이 강조하는 '생각이 실체다'라는 말이 도무지 이해가 되지 않을 때가 있었다. 생각이 실체다? 그 말은 생각이 곧 현실이 되어 내 앞에 나타난다는 것인데, 가난하게 태어난 것은 내 탓이 아니지 않은가?

브라이언 트레이시 인터네셔널 교수 자격을 얻기 위해 연수를 받을 때, 제일 먼저 배운 것이 '지금까지 내가 얻은 모든 결과는 100퍼센트 내 책임이다!'였다. 당시 함께 연수를 받던 사람들 중에도 이 말을 언짢아하는 사람들이 있었다. 그러나 잠시 생각해보자.

당장 현실은 바꿀 수 없지만 생각은 바꿀 수 있다. 내면에 잠재된 무한한 가능성을 발견하고, 그것을 단련시켜서 모든 상황을 바꿀 수 있는 능력을 우리는 가지고 있다. 지금의 나는 가난하지만, '나는 행복한 부자가 되겠어!'라는 생각을 선택하면 부자가될 것이다. 주변에 있는 비빌 언덕이 많은 친구를 부러워하면서 자신의 삶을 한탄만 하면 가난에서 벗어날 수 없다. 내가 어떤 생각을 선택하느냐에 따라 삶은 바뀐다!

생각의 힘을 깨달으면 "가난하게 태어난 것은 당신의 잘못이 아니지만, 가난하게 죽는 것은 당신 책임이다."라는 빌 게이츠의 말을 이해하게 될 것이다. 생각이 삶을 바꾼다는 것을 깨닫고 온전히 받아들였을 때, 내 삶은 서서히 바뀌기 시작했다.

얼 나이팅게일이 찾아 헤맸던 성공의 비밀!《시크릿》의 핵심 메시지도 바로 이것이다.

'사람은 생각하는 대로 된다We become what we think about.'

이 한 문장이 바로 지난 6천 년간 많은 사상가와 철학자, 현자들이 동의한 부분이다.

당신은 매일 무슨 생각을 하면서 살아가는가? 생각한다는 것은 무엇인가? 대부분의 사람들이 자신이 생각하면서 살아가고 있다고 생각하지만, 사실 진정으로 생각하면서 사는 사람은 1퍼센트 밖에 안된다는 통계를 본 적이 있다. 우리는 그동안 학교에서 암기 위주의 교육을 받아왔을 뿐 어떻게 생각해야 하는지 그 방법을 배운 적이 없다.

현실을 바꾸고 싶다면, 진정으로 '어떻게 생각해야 하는지'를 공부하고 이해하며 삶에서 연습해 봐야 한다. 이 책에서 얼 나이팅게일이 던지는 질문에 대답하면서 당신은 생각하는 연습을 하게 될 것이다. 이 책을 통해 앞으로 생각하는 사람이 더욱 많아질 것이라 기대한다.

성공한 사람들의 사례를 오랫동안 연구한 사람들이 내린 결론은 하나였다. 행복과 성공을 얻은 사람들은 자신의 내면을 명확하고 밝게 그린다는 것이다. 성공한 사람은 인생의 어두운 면보다 밝고 풍요로운 면을 보고자 했으며 자신의 내면세계를 긍정적으로 가꾸었다. 그리고 마음의 법칙을 의식적이든 무의식적이든 늘 활용했다. 즉, 좋은 생각을 품고 있는 사람은 좋은 일을 끌어당기고, 걱정, 의심, 두려움, 질투 등 나쁜 생각을 품고 있는 사람은 나쁜 일을 끌어당긴다.

당신에게 성공이란 무엇인가?

가난하고 처절했던 어린 시절, 나에게 성공은 사람들이 부러워하는 물질적인 것에 집중되어 있었다. 남들이 성공했다고 인정해주는 좋은 차, 좋은 집, 돈, 권력, 명예.

그래서 성공이라는 어떤 종착점이 있다고 생각했다. 내가 간절히 바라는 목표를 향해 돌진해서 이루고 난 뒤에 '드디어 해냈다! 끝!'이라고 탄성을 지르며 종지부를 찍는 것이라고 말이다. 그래서 죽도록 노력한 뒤에 오는 성취감, 목표를 이루기 위해 아무리 힘든 고통도 감수하고 결과를 얻었을 때 느끼는 희열이야말로 성공이라고 여겼다.

외적인 모습에 모든 성공의 기준을 맞추다 보니 어느새 나는 남들을 위한 인생을 살고 있었다. 미국의 대기업에 다니고, 좋은 차를 타고, 좋은 집을 샀다. 남들이 보기에 충분히 성공했다는 이야기를 들으면서도 신경은 점점 예민해지고 스트레스가 가득해 내 감정을 제대로 제어하지 못했다. 그러다 내가 성공이라고 생각했던 것이 반쪽짜리라는 것을 깨달았다.

그 후 성공의 기준이 바뀌었다. 내가 가장 사랑하는 일을 하고, 일이 정말 즐거워서 에너지가 샘솟으며, 건강하고, 경제적으로 자유로우며, 가족, 친구들과 함께하는 그런 행복한 모습을 그리게 되었다. 생각만으로도 가슴이 행복으로 충만한 성공을 이룬 자신을 상상해 보라. 정말 멋진 인생이 아닌가!

내가 하는 일을 진정으로 사랑하고 매 순간 최선을 다하며 하루하루 성장하는 과정이 너무나 즐겁고 기쁘다면, 그 자체로 이미 성공한 것이 아닐까? 매일 살아가는 순간을 즐기지 못한다면 성공의 열매가 크든 작든 진정한 가치를 누릴 수 없을 것이다.

이 책에서 얼 나이팅게일은 목표를 이룬 다음에 꾸물거리거나 그 순간에 머무르지 말고 다음으로 나아갈 새로운 그림을 그리고 또 다른 목표를 세우라고 말한다. 삶에 '예스!'라고 말하면 당신은 끊임없이 성장할 테고 그 속에서 진정한 행복을 깨달을 것이다.

당신에게 진정한 성공이란 무엇인가? '성공'의 정의를 내려보면 인생의 방향이 더욱 명확하게 그려질 것이다. 나의 책,《뜨겁게 나를 응원한다》2일 차에 당신만의 성공의 정의를 생각해보라고 했던 이유다.

행복한 성공! 당신의 선택에서 시작된다

2008년 8월, '내 삶에 가장 큰 영향을 미친 밥 프록터의 교육 프로그램이 왜 한국에는 없을까, 그의 교육 프로그램을 한국으로 들여와서 사람들과 함께 공부하면 어떨까?'라는 아이디어가 떠올랐을 때, 내 가슴은 마구 뛰기 시작했다. 이제까지와는 차원이 다른 울림이었다. 온몸의 세포가 진동하는 울림이랄까? 마치 모든 세포가 나에게 외치는 것 같았다! "그래, 이거야!"라고.

나는 선택의 기로에 섰다. 직장을 다니며 안정적인 삶을 살 것인가, 안전지대 밖으로 나올 것인가. 고민은 길지 않았다. 직장을 그만두고 가지고 있던 모든 돈을 투자해 밥 프록터에게 직접 트레이닝을 받으러 가기로 결심하자 내 가슴은 설렘과 엄청난 두려움으로 세차게 뛰었다. 무작정 저질러버렸지만 지금 내 꿈을 위해 행동하지 않으면 20년쯤 지나 나의 삶을 돌아보았을 때 후회할 것이라는 생각이 들었다.

한 번 살다가는 인생, 해보지 못한 일에 대한 후회를 남기고 싶지 않았다. 16년이 지난 지금, 그때 안정적인 삶을 유지하기로 마음을 먹었다면 현재 어떤 모습으로 살고 있을지 전혀 궁금하지 않을 정도로 충만하고 행복하다.

성공한 삶을 위한 아이디어는 언제 어디에서든 떠오를 수 있다. 하나의 좋은 아이디어가 삶을 완전히 다른 방향으로 바꾸기도 하고, 세상을 바꿀 수도 있다. 고인이 된 얼 나이팅게일의 아이디어가 여전히 많은 이들에게 깨달음을 전해주는 것처럼 말이다.

당신에게 떠오른 아이디어를 소중히 다뤄야 한다. 이 책에서 말하듯 일을 하며 보내는 시간보다 아이디어를 고민하는데 더 많은 시간을 쏟자. 좋은 아이디어가 떠올랐다면, 기꺼이 실행으로 나아가자!

얼 나이팅게일이 전하는 메시지를 당신의 세포 속까지 체화시킨다면, 이전과는 완전히 다른 삶을 살게 될 것이다. 그의 오디오 테이프를 수없이 들은 많은 이들의 삶이 바뀌었듯이, 당신의 잠재의식이 변화할 때까지 이 책을 가까이 두길 권한다.

단 하나의 감동적인 삶! 당신의 선택에서 시작된다. 닻을 올리고 안전한 항구를 떠나 꿈꾸고 탐험하자! 삶이라는 의미 있는 여정을 거침없이 항해하는 당신은 눈부신 성공을 만나게 될 것이다.

매 순간 가슴 충만하게 행복한 당신의 여정을 뜨겁게 응원하고 축복한다.

- 조성희, 마인드파워 스쿨 대표
밥 프록터 한국 유일 비즈니스 파트너

당신의 생각은 현실이 된다

나는 열두 살 때부터 성공의 비밀을 찾아 나섰다. 마침내 찾은 것은 1950년, 스물아홉 살 때였다.

1956년 봄, 오랜 세월에 걸쳐 독서와 연구를 통해 배운 것을 짧은 에세이로 요약해달라는 요청을 받았다. 내 직업이 글쓰기와 방송에 관련되어 있었고 내 이야기가 사람들에게 도움이 될 수도 있으므로 에세이를 녹음하는 작업도 하기로 했다.

여러 아이디어를 고민하면서 생각에 잠겼다. 마지막으로 스스로에게 물었다.

"만약 내가 살날이 얼마 남지 않았다면 아이들에게 무슨 이야기를 해주고 싶은가? 아이들이 생산적이고 성공적인 삶을 살 수 있도록 도와주려면 어떤 조언을 해줄 수 있을까?"

다음 날 새벽 4시에 깨어났을 때 그 질문의 명확한 답이 가슴 속에 새겨져 있었다. 일어나서 커피 한잔을 준비해 서재로 들어갔다. 생각을 종이에 적기 시작해서 오전 10시에 에세이가 완성되었다. 샤워하고 옷을 입고 집에서 나와 정오에는 CBS에서 에세이를 녹음했다. 점심시간 전에 녹음이 끝났다. 마지막으로 나는 내가 쓰고 녹음한 것에 '가장 이상한 비밀'이라는 제목을 붙였다.

내 녹음본은 처음에는 오디오 테이프로, 그다음에는 10인치 레코드로, 결국 오디오 녹음이라는 새로운 산업으로 성장했다. 그 어떤 힘을 들이지도 않았고 그 어떤 광고도 하지 않았는데 베스트셀러가 되었다. 전국에서 주문이 폭주했지만 그때 나는 전혀 준비되어 있지 않은 상태였다.

다행스럽게도 사업상 아는 관계였던 시카고의 스페셜티 메일 서비스Specialty Mail Services의 오너 로이드 코난트Lloyd Conant가 나서주었다. 그는 갑자기 행운이 터진 내 사업을 도와줄 만반의 준비가 되어있었다. 전국 각지에서 주문이 쏟아졌다. 녹음 메시지에 대한 소문이 어떻게 퍼졌는지 놀랍기만 했다. 이렇게 1960년에 시카고 나이팅게일-코난트 코퍼레이션Nightingale—Conant Corporation of Chicago이 시작되었다.

머지않아 좋은 친구이자 당시 시카고의 컬럼비아 레코드 사장 딕 허터Dick Hutter는 우리가 100만 장 이상의 판매고를 올려 골드 레코드 자격을 얻었다는 소식을 전해주었다. 지금 이 글을 쓰고 있는 1986년 초가을에도 여전히 그 녹음 테이프가 팔리고 있다. 그것이 길을 닦아준 덕분에 여러 교육 프로그램이 수십만 명에게 오디오 메시지의 형식으로 판매되고 있다.

이제 이 책을 쓸 시간이다. 나는 지금까지도 여전히 사랑하는 책에서 그렇게 오랫동안 열심히 찾아 헤맸던 비밀을 찾았다. 내 집에는 책들이 가득한데 서재에 공간이 부족해서 책꽂이에 두 줄로 꽂아두었다. 자동차로 출퇴근하는 사람에게는 운전 중에 들을 수 있는 오디오 프로그램이 최고겠지만 책은 의심할 여지 없이 아마도 수 세기 동안 가장 위대한 지식과 기쁨의 원천으로 남을 것이다. 우리가 지식과 오락으로 배우고 즐기는 모든 것은 글자에서 시작된다. 내가 쓴 책과 오디오 메시지 안에 들어있는 생각들 역시 그러했다.

에세이를 녹음한지도 30년이 흘렀으니 지난 세월을 되돌아볼 때다. 지난 작업물을 다시 들춰보고 의미를 찾는 여정을 재검토할 필요가 있다.

지금까지 도와준 사람들에게 어떻게 고마움을 표시해야 할까? 그들은 내 서재의 책꽂이에 줄지어 있고 우리 모두의 집 곳곳에서도 찾을 수 있다. 나와 당신을 위해 시간을 내고 인내심을 발휘해 책에 그들의 생각과 지식을 넣어준 사람들. 거슬러 올라가면 노자와 성경에서부터 웨인 다이어와 톰 피터스를 비롯해 현대 작가들도 있다.

또 컬럼비아 레코드에서 일했고 나중에는 직접 제작사를 차려서 자리 잡은 딕 허터도 큰 도움을 주었다. 그는 내가 최신 유머에 뒤떨어지지 않게 해주었다. 지금 고마운 사람들에게 고마움을 전하고 있지만 여기에 미처 언급하지 못한 이들도 있음을 알아주기 바란다.

아내 다이애나에게는 특별한 감사를 전한다. 그녀의 사랑과 웃음, 굳건한 생각과 인내가 없었다면 이 책을 쓸 수 없었을 것이다. 그녀는 매우 중요한 시기에 내 삶을 사랑과 웃음, 햇빛으로 채워주었고 지금도 언제나 나에게 기쁨을 주는 사람이다.

좋은 친구이자 전문적이고 지혜로운 편집과 탁월한 조언을 해준 PMA 북스의 밥 앤더슨Bob Anderson과 출판사 도드, 미드 & 컴퍼니Dodd, Mead & Company, Inc.의 오너이자 등대인 린 럼스덴Lynne Lumsden과 존 하든Jon Harden에게 감사를 전한다. 그들은 진정으로 출판을 사랑하는 유능하고 유쾌한 사람들이다. 뉴욕에서 손꼽을 정도로 오래된 출판사의 태도와 관점이 그 어느 곳보다 젊다는 사실을 알게 되어 기쁘다.

이제 독자 여러분에게 감사를 전하고 싶다. 여러분이 없다면 아무 일도 일어나지 않았지요. 아무것도요. 오랜 친구 레드 모틀리(Red Motley)는 항상 말했죠.

"어떤 사람에게 무언가를 팔기 전까지는 아무 일도 일어나지 않는다!"

- 얼 나이팅게일

◆ 1장 ◆

인생의 진리를
찾아가는 길

Earl Nightingale

성공과 그에 따르는 성취감을 완전하게 즐기려면 가난과 하루하루 살아남기만도 벅찬 환경에 대해 알아야 한다. 나는 성취감에 대해 전혀 몰랐지만 가난은 너무 잘 알고 있었다. 가난은 다른 아이들은 괴롭히지 않는 것 같았지만 나만은 지독하게 괴롭혔다. 부유한 사람이 넘쳐나는 캘리포니아 남부에 사는 열두 살의 소년이었기에 가난에 더욱더 화가 치밀었다.

내 기준에서 자동차나 냉장고가 있거나 집 전체에 카펫이 깔린 집은 부잣집이었다. 그런 집에 사는 아이들은 운이 좋은 것처럼 보였다. 그래서 나는 왜 어떤 사람들은 부유하고 어떤 사람들은 가난한지 알아보기로 결심했다.

그 해는 대공황이 한창인 1933년이었고 실업자가 수백만 명에 이르렀다. 두 형과 나는 운이 좋은 편이었다. 비록 아버지가 더 나은 삶을 찾아 우리를 떠났고 어머니는 하루도 빠지지 않고

WPA Works Progress Administration 재봉틀 공장에 나가 일했지만 말이다. 내 기억으로 어머니의 수입은 한 달에 55달러였고 온 가족이 겨우 굶어 죽지 않을 정도로 생활할 수 있는 돈이었다. 우리는 캘리포니아 롱비치의 해안가에 있는 오래된 메리너 아파트 뒤편 '텐트 시티'에 살았다.

"차이가 뭐지?" 나는 자신에게 생각했다.

"왜 어떤 사람들은 부유하고 어떤 사람들은 가난하지? 왜 어떤 사람들은 돈을 많이 받고 어떤 사람들은 적게 받지? 뭐가 다르지? 왜 그럴까?"

동네 어른들에게 물어보았지만 그들이 나보다 더 많이 아는 것은 아니었다. (오히려 우리 동네 어른들은 아무것도 모른다는 사실만 알게 되었다.) 그들은 안쓰러울 정도로 교육을 받지 못했고 그저 본능에 따르거나 타인이 이끄는 대로 살아갈 뿐이었다.

책 속에 숨겨진 성공의 열쇠

어머니는 사랑스러운 면모가 많았다. 그중 하나는 변함없는 쾌활함이고 또 하나는 책을 사랑하는 마음이었다. 어머니는 도서관을 자주 찾았다. 어머니에 대한 가장 좋은 기억은 이른 아침 전력이 약해서 갓도 씌우지 않은 채로 대롱대롱 매달린 희미한 전구 아래에서 책을 읽으며 우유와 오트밀을 먹던 어머니의 모습이다. 어머니는 특히 여행서를 좋아했다. 현실에서는 여행을 할 수 없었지만 여행과 모험에 관한 책을 읽으며 세계 곳곳으로 모험을 떠났다. 그 힘든 세월 동안 어머니가 무너지지 않도록 잡아준 것이 바로 책이었으리라.

어머니는 너무나 젊고 매력적인 여성이었지만 오로지 세 아들을 키우는 데만 헌신했다. 책과 낡은 라디오만이 어머니의 유일한 오락이었다. 어머니는 퍼시픽 일렉트릭Pacific Electric 기차로 로스앤젤레스의 직장으로 출퇴근하는 긴 시간 동안, 그리고 우리 형제가 잠든 늦은 밤에는 언제나 책을 읽었다. 주말에는 청소와 빨래를 마치고나면 책 속으로 흥미진진한 여행과 모험을 떠났다.

세월이 한참 흐른 후에야 나는 어머니가 숨 막히는 세관 창고에 서 있거나 짐 가방을 도둑 맞거나 외국어나 외국 화폐 때문에 고생한 적이 없어도 이미 지구의 이쪽 끝에서 저쪽 끝까지 여행했다는 사실을 깨달았다. 심지어 아주 머나먼 곳까지도 잘 알고 있다는 것도. 어머니가 로스앤젤레스 카운티를 떠나지 않고도 그럴 수 있었던 것은 훌륭한 공공도서관 제도 덕분이었다. 돈은 한 푼도 들지 않았다.

그래서 나도 좀처럼 찾을 수 없는 성공의 비결을 찾고자 롱비치 공공도서관에 갔다. 수많은 책 중에서 어떤 책을 봐야 답을 찾을 수 있는지 몰랐지만 분명 그곳 어딘가에 있다고 확신했다. 누군가 그 답을 알아낸 사람이 있다면 분명히 책으로 썼을 테니까. 그래서 그 책을 찾기 시작했는데 옆길로 빠져 흥미진진한 소설의 세계로 들어갔다. 프랭클린 W. 딕슨Franklin W. Dixon의 하디 보이즈 시리즈, 에드거 라이스 버로스Edgar Rice Burroughs의 의식을 확장시키는 위대한 이야기, 제인 그레이Zane Grey의 서부극, 그다음에는 스탠리 베스탈Stanley Vestal의 매혹적인 평원 원주민 이야기에 빠져들었다. 머지않아 나는 어머니만큼이나 책에 중독되었다. 책에서 정직과 한결같음, 올바른 신념을 위한 투쟁과 용기의 중요성을 배웠다. 어린 시절부터 책과 사랑에 빠진 덕분에 평균 이상의 교육을 받을 수 있었다.

제2차 세계대전이 다가왔을 때 학교를 그만두고 해병대에 입대했다. 그래도 공부는 계속했다. 손에 집히는 대로 책을 읽었다.

그 때 남은 인생을 이끌 두 가지 결정을 내렸다. 첫째는 성공의 비밀을 발견하는 것이고 둘째는 작가가 되는 것이었다. 나는 책을 사랑했고 직접 책을 쓰고 싶었다. 전쟁이 끝나갈 무렵 미국으로 돌아왔고 노스캐롤라이나에 있는 해병대 기지 르준 캠프Camp Lejeune에서 교관으로 일하게 되었다. 그 즈음 인근 잭슨빌에서 출퇴근하다가 라디오 방송국이 공사 중인 것을 보았다.

야간과 주말에는 교관으로 일하면서 평일 낮에 일할 수 있는 아나운서직에 지원했고, 오디션을 거쳐 채용되었다. 그렇게 WJNC 잭슨빌 방송국에서 아나운서로 라디오 마이크 앞에 앉았다. 곧 방송국 사장이자 관리자인 레스터 굴드Lester Gould와는 좋은 친구가 되었다.

나는 방송에 완전히 빠져들었다. 어떤 일에 그렇게 큰 열정을 느낀 것은 처음이었다. 완전히 물 만난 물고기 같았다. 40년도 지난 지금도 여전히 방송을 하고 있다. 하지만 글쓰기에 대한 갈망도 여전했고 언젠가 직접 방송 원고를 쓰게 될 날을 위한 계획을 세웠다.

그사이에는 광고와 뉴스, 스테이션 브레이크(station break, 프로그램과 프로그램 사이의 정보 안내 방송-역주)를 하면서 방송에 대한 감각을 익혔다. 방송에 집중하고 싶은 마음에 고민 끝에 해병대 근무를 그만두었다. 그럼에도 소득이 추가로 늘어난 데다 아나운서로서 매우 값진 경험을 할 수 있었다.

사람은 생각하는 대로 된다

성공의 비밀을 찾기 위한 독서를 계속하며 세계의 위대한 종교들을 공부하기 시작했다. 특히 철학과 심리학에 심취하게 되었다. 시카고의 CBS 방송국에서 일하던 스물아홉 살의 어느 주말이었다. 책을 읽다가 문득 내가 오랜 세월 똑같은 진실을 계속 읽어왔다는 것을 깨달았다. 신약성경에서, 부처님의 말씀에서, 노자와 에머슨의 글에서 그것을 읽었다. **갑자기 내가 17년 동안 찾고 있었던 것이 한 문장으로 나타났다. '사람은 생각하는 대로 된다.'라는 놀라운 진실이었다.**

마치 밝은 빛이 나를 감싸는 기분이었다. 당연히 그렇지! 너무도 단순한 그 진실이 떠오른 순간 허리를 꼿꼿하게 펴고 앉았다. 인간이 지구상에서 세상에 대한 방향 감각이 없는 상태로 태어나는 유일한 생명체라는 스페인의 위대한 철학자 오르테가Jose Ortega y Gasset의 말도 그런 뜻이었다.

인간은 자신만의 세계를 창조하는 신과 같은 힘을 가진 유일한 생명체이므로 그럴 수밖에 없다. 정말로 우리는 세계를 창조한다. 살아가는 세월 동안 자신만의 세계를 창조한다. '가장 자주 하는 생각'이 우리 자신이 된다. 만약 생각을 전혀 하지 않으면 (내가 살던 예전 롱비치 동네 사람들의 가장 큰 문제였다) 아무 일도 일어나지 않는다.

사람은 생각하는 대로 된다we become what we think about.

영어로 딱 여섯 단어. 영어에는 60만 개가 넘는 단어가 있는

데 이 특정한 순서로 된 여섯 개의 단어가 내가 열두 살 때부터 찾아 헤맨 바로 그것이었다. 이 명백한 사실을 알아차리는 데 무려 17년이 걸렸다. 당연히 우리는 생각하는 대로 되지, 어떻게 다른 것이 되겠는가?

우리의 마음은 삶의 조종 장치다. 사람은 아주 많은 생각을 하지만 저마다 다르게 생각한다. 거기에 성공과 실패의 비밀이 들어있다. 사람은 누구나 생각하는 대로 되는 형을 선고받는다. 인간의 고유한 특징은 뇌에 있다. 뇌를 어떻게 사용하느냐가 운명을 결정한다. 아치볼드 매클리시Archibald MacLeish의 연극 〈자유의 비밀 The Secret of Freedom〉에 나오는 등장인물은 말한다.

"인간을 인간으로 만드는 유일한 특징은 생각을 한다는 것이다. 나머지는 돼지나 말에게서도 똑같이 찾을 수 있다."

수년 후 스탠퍼드 대학 병원에서 외과의사 팀에게 손상된 대동맥판을 돼지의 대동맥판으로 교체하는 수술을 받을 때 그 말을 다시 떠올렸다. 내 신체 부위가 동물 친구의 것과 교체 가능하다는 사실이 기뻤다.

하지만 딱 하나, '생각하는 능력'만큼은 교체 불가능하다. 그것이 나를, 당신을 특별하게 만든다. 마음은 삶의 나침반이다. 한번 설정되면 다시 설정되기 전까지 계속 그 방향으로 나아간다.

왜 진즉 답을 알아차리지 못했는지 신기할 정도였지만 마침내 열쇠를 손에 쥐게 되어 기뻤다. 나는 오랫동안 찾아 헤매던 성공의 비밀을 발견했다. 그것이 많은 사람에게 비밀이라는 사실 자체가 정말 이상했지만 말이다.

그 후, 나는 라디오 프로그램 원고를 직접 써서 방송하기로 결심했다. 그러려면 CBS라는 좋은 직장을 그만두고 새로 시작해야만 했다. 1950년 3월에 혼자 방송을 시작한 이래로 멈추지 않고 계속 상승 곡선을 그렸다. 그 간단한 여섯 단어가 내 삶에 혁명을 일으켰다. 내가 열두 살 때부터 간절히 구했던 성공의 비밀을 찾은 곳은 오래되고 재미없는 두꺼운 책이 아니라 1937년에 출판된 나폴레온 힐Napoleon Hill이 쓴 《생각하라 그리고 부자가 되어라》라는 책이었다. 거기에 분명하게 적혀있었다.

나중에 시카고의 보험계 거물 W. 클레멘트 스톤W. Clement Stone과의 친분 덕분에 나폴레온 힐을 직접 만날 기회가 생겼다. 그와의 첫 만남은 결코 잊을 수 없을 것이다. 시카고의 노스 사이드North Side 끝에 있는 에지워터 비치 호텔Edgewater Beach Hotel에서였다. 여윈 체격에 미소 띤 얼굴의 노신사가 구불구불한 대리석 계단을 내려왔다. 그는 나에게 다가와 손을 내밀며 간단히 말했다. "나폴레온이오."

"안녕하세요? 저는 알렉산더 대왕입니다."라고 대답하고 싶은 마음을 억누르려고 애쓴 기억이 난다. 내 앞에 있는 사람은 세계의 주요 철학과 종교, 가장 성공한 미국인 수십 명의 인생 이야기에서 사람들이 왜 그런 삶을 살게 되는지를 그 무엇보다 가장 잘 설명해주는 그 여섯 단어를 뽑아낸 장본인이었다.

성장과 증가, 풍요로운 삶은 자연의 길이다. 우리가 삶이 가져다주는 더 많은 것을 원하는 것은 고유한 본능이다. 그런 욕구는 잘못된 게 아니다. 완벽하게 자연스러우며 마땅히 그래야만 한다. 세계의 승자들은 계획을 세운다. 그들은 자신에게 매우 중요한 미래의 비전이 있고 그 비전의 한가운데에 이르기 위해서 필요한 일을 기꺼이 하는 사람들이다.

테오도시우스 도브잔스키Theodosius Dobzhansky도《인류의 진화Mankind Evolving》에서 이렇게 말했다.

"우리는 개인이 미래에 대해 구상하는 이미지를 통해 그 사람을 알 수 있다. 그가 어떤 사람인지 어떤 사람이 되기를 원하는지, 그의 생각은 무엇인지, 그가 가장 중요하게 여기는 것은 무엇인지, 노력해서 얻을 가치가 있다고 생각하는 것은 무엇인지, 달성 가능하다고 생각하는지. 사람은 기질과 성향에 따라 특정한 유형의 미래를 그린다. 당신이 그리는 미래가 무엇인지 말해주면 나는 당신이 어떤 사람인지 말해줄 수 있다."

지금이 이 질문을 던지기에 가장 좋은 순간이다. "당신이 그리는 미래는 어떤 모습인가?"

생각이 혼란스러우면 삶도 혼란스럽다. 시각화는 인간이 좋든 나쁘든 중립적이든 미래로 나아가는 수단이다. 그것은 전적으로 우리의 통제하에 있다. 우리는 자신의 삶과 똑같은 패턴을 가진 사람들이 앞으로 나아갈 방향을 잘 아는 것처럼 보인다고 그 방향을 따라 나아가다가 결국 그 어디에도 이르지 못하는 실수에 빠지면 안 된다. 남들은 당신이 리더라고 생각할 수도 있다. 아니면 화분의 가장자리를 따라 움직이는 행렬털애벌레처럼 그 자리를 빙빙 돌 뿐 전혀 앞으로 나아가고 있지 않을 수도 있다. 그러면 다시 질문을 해보자.

"당신이 그리는 미래는 어떤 모습인가?"

미래의 모습을 그리다

우리는 우리가 생각하는 대로 된다. 어떤 사람이 되고 싶은지 알면 당신은 그런 사람이 될 것이다. 시각화의 힘은 헤아릴 수 없을 정도로 거대하다. 콜카타의 시인 라빈드라나드 타고르 Rabindranath Tagore는 이렇게 우리를 상기시킨다.

"믿음은 아직 어두운 새벽에

빛을 감지하고 노래를 부르는

한 마리의 새와 같다."

우리는 우리가 기대하는 대로 된다. 유감스럽게도 자신의 진정한 잠재력과 일치하는 기대를 품는 사람은 소수에 불과하다.

기업 임원이 출근하기 위해 집을 나선다. 아름다운 초여름 아침이다. 그는 자주 세차해서 반짝거리는 최신 모델 자동차로 집 차고를 빠져나와 가로수가 늘어선 길을 달리고 시내 쪽으로 방향을 튼다. 거리의 양쪽에는 고급 주택들이 늘어서 있다. 조경과 잔디밭이 잘 관리되어 있고 페인트 색은 밝고 창문은 이른 아침 햇살에 투명하게 반짝인다.

임원은 그 풍경을 눈에 담는다. "아름다워!"라고 혼잣말한다. 모든 것이 순조롭고 질서정연한 아름다운 아침이다. 그의 고급 차는 전혀 시끄러운 소리를 내지 않으면서 깨끗하고 질서정연한 거리를 달린다.

이 동네와 거리에 늘어선 집들은 그와 똑같은 사회경제적 집단에 속한 사람들을 반영한다. 임원과 그의 아내가 그들이 사는 집을 선택하고 그에 대한 대가를 지불하는 것은 여느 가족과 마찬가지로 지극히 자연스러운 일이다. 그들이 사는 동네는 그들과 그들의 교육과 열망, 성취 수준을 반영한다.

중요한 것은 그 집과 동네, 사회는 일단 획득된 후에는 그들에게 그들 자신과 세상에서의 위치에 대한 그들의 견해를 계속 강화한다. 그들은 더 위쪽이나 옆으로 움직일 수 있지만 뒤나 아래로 움직일 가능성은 무시해도 될 정도로 작다. 그들의 환경은 성취의 사다리에서 그들의 현재 위치를 보여주는 거울이다.

그의 사무실 또한 세상에 그의 위치를 반영하는 동시에 강화한다. 이 임원은 퇴근길에 운전할 때도 다시 한번 자신이 속한 세계를 느끼며 기분 좋은 분위기에 젖는다. 그의 세계는 그의 생각을 강화해주는 거울이다. 그와 아내, 가족의 거울이다. 그는 그가 생각하는 사람이다.

얼마 전 캘리포니아주 타자나Tarzana에 사는 라디오 청취자인 랍비 스티븐 루벤Steven Reuben으로부터 편지를 받았다. 그가 신도들에게 전한 설교 두 편의 내용을 동봉했다. 하나는 "당신은 이미 비밀을 알고 있다"라는 제목이 붙어있었는데 그는 편지에 이렇게 적었다.

"이 설교는 당신의 메시지에서 영감을 얻었습니다. 당신이 과거에 사용한 인용문이 많이 눈에 익을 것입니다."

랍비는 설교에서 이렇게 말했다.

"네, 저는 성공의 비밀을 발견했고 그래서 작가와 시인, 철학자, 예언자, 현자, 이 시대와 과거의 많은 스승들이 성공의 비밀에 대해 어떤 믿음을 가지고 있었는지 알아볼 수 있었습니다.

제가 발견한 것은 놀라웠습니다. 저는 3,000년 된 토라의 오래된 지혜와 20세기 과학의 현대적인 지혜를 잔뜩 발견했습니다. 놀랍게도 성경에서부터 그리스 철학자들, 로마의 지혜에서 인간의 조건에 대한 중세의 연구를 거쳐, 셰익스피어와 밀턴에 이르기까지, 에머슨에서 탈무드의 랍비들에 이르기까지 모두가 성공의 비밀에 대한 답을 발견했더군요. 하지만 가장 놀라운 점은 저마다 고유한 언어와 방식으로 표현되기는 했지만 그들이 정확히 똑같은 비밀을 발견했다는 사실입니다. 성공의 보편적인 열쇠는 간단히 말하자면 바로 이것입니다. '그대는 생각하는 대로 되리라.'"

"마음속의 생각이 우리를 만들었다. 우리는 생각이 만들어낸 존재다."
- 제임스 앨런James Allen, 《위대한 생각의 힘》의 저자

"우리는 호흡이 아닌 생각 속에서 산다. 가장 많이 생각하는 사람이 가장 충만하게 산다."
- 필립 베일리Philip Bailey

"무릇 그 마음의 생각이 어떠하면 그의 사람됨도 그러하니."

- 잠언 23:7

그러면 부처는 어떤 식으로 표현했을까? "소의 바퀴가 소를 따르듯 사람은 생각하는 대로 될 것이다." 부처의 가르침을 영어 식으로 풀어써서 죄송한 마음이다.

뉴욕이나 시카고, 로스앤젤레스에서 수백 명에게 "성공의 비결은 무엇입니까?"라고 물어본다고 해보자. 미친 사람인가 하면서 쳐다보거나 진부한 말을 잔뜩 늘어놓거나 고개를 저으며 그냥 가던 길을 갈 것이다. "실패도 마찬가지지만 성공의 비밀은 바로 사람은 생각하는 대로 된다는 것이다."라고 말하는 사람은 한 명도 없을 것이다.

내가 어릴 적에 살았던 캘리포니아 롱비치 동네 사람들은 확실히 그 사실을 몰랐고 지금도 알지 못한다. 이렇게나 중요한 사실이 어떻게 지금까지도 많은 사람에게 비밀로 남아있을까? 사람은 왜 생각하는 대로 되는지에 답하는 것보다 더 중요한 게 있을까?

이 순간의 당신은 인생의 현 지점에 이르기까지 한 모든 생각의 총합이다. 나도 마찬가지다. 길 건너편을 지나는 저 남자도, 슈퍼마켓에 들어가는 저 여자도. 그들을 보고 연구해라. 그들의 얼굴을 보라. 그들은 지구상에서 가장 흥미로운 생명체이고 가장 많은 가능성을 가지고 있다. 하지만 저들은 그걸 알까? 자신의 일상이 생각을 비추는 거울이라는 것을 알고 있을까?

이 책에서 다루는 주제에 대해 알고 있을까? 아, 안타깝게도 대부분은 모른다. 대개는 무의식적으로 선택한 사회경제적 피라미드의 자리를 유지보수하면서 살아갈 뿐이다. 그들은 새로운 방향의 생각(천재의 정의이기도 하다)이 삶에 새로운 방향을 가져다줄 수 있다는 것을 알지 못한다.

대부분은 마치 인생과 취소 불가능한 계약이라도 맺은 것처럼 시간을 보낼 뿐이다. 아무 생각 없이 시간만 보내면 어떻게 큰 실수를 극복할 수 있겠는가!

우리는 각자 고유한 DNA 이중 나선 구조를 가지고 있다. 좋든 싫든 사람은 누구나 독자적인 존재다. 우리는 지금까지 지구에 존재한 적 있거나 앞으로 존재할 그 누구와도 다른 유전자를 가지고 있다. 정말로 그렇다. 우주의 그 누구도 나와 정확히 똑같은 조합의 유전자를 가지고 있지 않다.

자신을 그림이라고 생각해볼 수도 있다. 우리의 부모와 수천 명의 조상이 그 그림에 페인트를 덧칠했다. **당신이 태어난 후에는 환경이 그림에 추가되기 시작했다. 그 복합적인 작품이 당신의 사고방식을 결정한다. 당신이 할 수 있거나 원하는 것은 내가 할 수 있거나 원하**

는 것과 다르다. 사람들은 저마다 할 수 있고 원하는 것이 서로 다르다. 그래서 모두가 똑같은 일을 하거나 원하는 일이 없다.

우리가 물려받은 풍부한 유전자는 각자에게 다양한 선택권을 주고 자유로운 사회는 우리에게 자유로운 선택권을 준다. 어린 시절의 환경이 좋을수록, 어렸을 때 좋은 교육을 받을수록, 부모가 교육을 잘 받았을수록 우리가 성장기에 노출되는 가능성의 스펙트럼이 넓다. 하지만 무작위로 선택했을 때 확률은 95 대 5이다. 이상적인 배경을 갖지 못했을 확률이 95다.

앞에서 예로 든 기업 임원은 물론이고 다른 사람들도 마찬가지지만, 환경은 그곳에 사는 사람들을 반영한다. 교육을 통해 사람이 바뀌면 깨달음의 크기를 반영해 환경도 바뀐다. 가장 오래된 기억부터 최근에 이르기까지 자신의 환경에 대해 한번 생각해보기를 바란다.

여기에서 환경이란 어렸을 때 살았던 집, 동네, 가족을 말한다. 부모의 교육 배경은 어땠는가? 이웃들은? 어릴 적 환경이 하위층, 중하위층, 중상위층, 상위층 중에서 어디에 속하는가? 어디에 속하든 그 환경은 당신에게 막대한 영향을 끼쳤다.

당신은 그 틀을 유지해나갈 것이고 앞에서 말한 기업 임원 부부의 아이들도 마찬가지다. 그 아이들은 좋은 삶을 살 것이다. 쾌적한 집안 환경, 좋은 학교, 좋은 차, 아름다운 가구, 온갖 전자기기가 갖추어진 자기 방, 가정부 등. 무엇보다 이 모든 것이 그들에게는 너무나 당연하다. 그들이 그런 환경에서 살아가는 것은 빈민가의 아이가 지저분하고 어지러운 환경에서 살아가는 것만큼이나 당연한 일이다. 빈민가의 아이는 겨울에는 추위에, 여름에는 숨 막히는 더위에 시달린다. 영양실조와 의료보험의 부재뿐 아니라 아침에는 주린 배를 움켜쥐고 공립학교에 간다. 대부분의 미국인은 이 중간쯤 어딘가에 속할 것이다.

앞에서 말한 기업 임원의 자녀들은 성장기의 자연적인 부분으로서 당연히 대학에 진학할 것이다. 주변 친구들도 마찬가지일 것이다. 그런 아이들에게 생존과 풍요는 당연하므로 그들의 관심사는 그 위에서 시작한다. 가장 큰 걱정거리는 원하는 대학에 붙을 수 있을지, 대학 졸업 후 어떤 직장에 취직할지 같은 것이다.

그들에게 성공이나 실패에 대한 생각은 너무 낯설고 이질적이다. 그들은 성공한 소수에 속한다. 미국 상위 3퍼센트에 속하고 그것을 당연하게 받아들인다. 어쩌면 그들의 부모에겐 그렇지 않을 수도 있다. 하지만 이 아이들에게 성공은 그냥 자연스럽게 일어나는 일일 뿐이다. 물론 언젠가 물려받을 유산도 있다. 그것은 세상에서 그들의 위치를 더욱 공고히 해줄 것이다.

누군가는 이렇게 적었다. "만약 당신이 성공하지 못하고 고통

받는다면 당신 다음의 누군가가 성공할지도 모른다. 고통 없이 성공한다면 누군가가 당신 대신 고통을 받았기 때문이다. 하지만 고통 없이는 성공할 수 없다."

이 맥락에서 사용된 고통이란 단어는 더 높은 수준으로 올라가려는 노력을 뜻한다. 세상의 모든 부유한 집안에는 낮은 계층에서 더 높은 계층으로 올라가야만 했던 사람이 있었다. 영국 왕실에도 과거의 언젠가 힘들게 노력했어야만 했던 사람이 있었다. 오랜 부자 집안은 예전에 누군가가 좋은 아이디어를 떠올리고 죽어라 열심히 일한 끝에 (어쩌면 그 과정에서 큰 즐거움을 느꼈을지도 모른다) 가족을 가난한 동네에서 부자 동네로 옮겨주어서 몇 대가 호사를 누리며 살 수 있었다는 뜻이다.

아무리 대대로 이어져 내려오는 부자라도 갑자기 부자가 된 시점이 존재한다. 부에 가속도가 붙으면 막대한 부를 축적하기가 그렇게 어렵지 않다. 오직 그 일만 맡아서 해주는 전문가들이 있으니까 말이다. 이유가 무엇이든 아무런 발전도 없는 대다수와 보조 맞추기를 거부하는 특별한 사람, 특별한 가치가 있는 일을 하는 사람이 모든 것의 시작이었다.

나는 하와이에 주둔하고 있던 배에서 비행정인 해군 PBY가 순찰을 위해 진주만에서 출발하는 것을 종종 지켜보았다. 바다가 고요해서 해수면이 부드럽고 매끄러울 때는 선체에 흡인력을 만들어서 비행정에 이륙할 수 있는 속도가 붙어도 선체는 수면에 계속 머물렀다. 그러면 조종사가 비행기를 앞뒤로 흔들다 마지막에 뒤쪽으로 기울이면 선체가 속박에서 벗어났다. 속박에서 벗어난다는 것은 전통에서 벗어난다는 은유다.

전통에서 벗어나는 일

많은 세대에 걸쳐 이어진 과거의 틀을 깨뜨리고 새로운 모양을 제시하는 사람이 되기란 결코 쉬운 일이 아니다. 우리는 주변에서 함께 자란 이웃들, 친척들, 가장 가까운 친구들 중에서 속박에서 벗어나지 못한 이들을 너무도 많이 본다. 대부분의 사람은 원래의 계급에 계속 머무르려는 경향이 너무 강하다. 물론 계급이라는 단어는 미국이 자유 독립 국가로서 승리를 거두었을 때 사라졌어야 했지만 말이다.

우리가 인정하고 싶든 말든 미국에는 여전히 계급이 존재한다. 우리의 계급은 인위적인 계층에 의해 설계된 것이 아니다. 요즘 세상에는 영주, 귀부인, 공작, 백작, 후작, 왕자, 여왕, 왕은 없지만 계급은 여전히 존재한다. 이 사회에서 계급은 첫째는 말과 교육에 의해, 둘째는 돈에 의해, 그리고 셋째는 더 많은 돈에 의해 결정된다.

사람이 입을 열고 말할 때는 그가 속한 계급이 드러난다. 교육받지 않은 스피치가 있고 교육받은 스피치가 있다. 모든 사람이 그 차이를 안다. 교육받지 못한 스피치 계층에 속하는 사람들은 알아차리지 못할지도 모르지만. 아무리 멋지게 차려입고 비싼 차를 몰더라도 그 차에서 내려 "도어맨 어디 있어?"라고 말한다면 문법에 벗어난 이 짧은 한마디만으로 통찰력 있는 사람은 그를 꿰뚫어 볼 것이다.

구취와 마찬가지로 저급한 언어를 가진 사람은 보통 자신의 문제를 전혀 알지 못한다. 하지만 그가 영원히 들어가지 못하는 크고 즐거운 세상이 있다. 잘난 척하려는 것이 아니라 단순히 그는 그런 세상과 어울리지 않는다. 수준 낮은 언어는 그 곳에서 숨길 수 없다. 펀치 볼에 들어있는 담배꽁초처럼 눈에 확 띈다.

누구나 영어를 제대로 말하는 법을 배울 수 있다. 부모, 이웃, 형제, 자매, 친구들이 전부 잘하지 못하면 힘들겠지만 그래도 충분히 가능한 일이다. 교육의 문제다. 아무리 지루하고 재미없어도 영어 시간에 집중하고 열심히 하면 된다. 그 주제에 관한 훌륭한 책은 물론 오디오 프로그램도 많다.

만약 영어를 훼손하는 것이 경범죄라면 우리 가족을 포함한 예전에 살던 롱비치의 동네 사람들은 모두 사형을 선고받았을 것이다. 세상에서 가장 많이 쓰이고 흥미로운 이 아름다운 언어로 말하기와 쓰기를 배우는 데는 클라리넷을 연주하거나 그림을 그리는 것처럼 특별한 재능이 필요하지 않다. 욕망과 독서와 공부의 문제다.

학교에서 가르치는 과목 중에서 이것보다 중요한 과목은 없다. 사실 영어는 다른 모든 과목뿐만 아니라 모든 관심사와 기회의 열쇠이기도 하다. 공기가 더 신선하고 경치도 훨씬 더 좋은, 더 높고 깨끗한 고원으로 올라가는 첫걸음이다. 하루에 한 시간씩 진지한 독서와 공부로 이 문제를 다룰 수 있다. 읽고 써라. 긴 문단을 필사하면서 뛰어난 작가들이 단어들을 어떻게 올바르게 엮었는지 배워라.

플로리다 남서쪽에 있는 우리 아파트에서 이 책을 집필하고 있을 때 전화가 울렸다. 1층 정문으로 들어오려는 페더럴 이스프레스 여성 배달부의 전화였다. 내가 버저를 눌러 그녀를 들여보내려는데 그녀가 물었다. "어디세요?"

"나는 9층에 있습니다." 내가 답했다. 현관에서 그녀가 엘리베이터에서 내리기를 기다렸다. 엘리베이터에서 내린 그녀는 아까 했던 말을 반복했다. "어디 계신지 몰라서요."

그녀가 기분이 썩 괜찮아 보였기에 내가 농담으로 말했다. "'어디 있는지 몰랐다'는 표현은 어디서 배웠어요?"

"제 고향 켄터키주에서는 보통 그런 식으로 말해요." 그녀가 대답했다.

"이렇게 아름다운 곳을 돌아다니면서 사람들에게 당신이 문맹이라는 것을 광고하고 다닐 필요는 없어요."

"나는 문맹이 아닙니다, 나이팅게일 씨!" 농담이 농담이 아니게 되어버렸다.

"그렇다면 사람들에게 문맹이라고 광고하고 다니는 걸 그만두면 어떨까요?" 나는 내가 그녀를 자극했다는 것을 충분히 알고 물었다.

나는 그날 아침에 친구를 사귀지 못했지만 그녀를 변화시켰기를 바란다. 그녀는 분명히 언젠가 엄마가 될 것이다. 그녀의 말하기 습관은 그녀가 누구와 결혼하는지에 중요한 영향을 줄 뿐만 아니라 심지어 결혼을 할 수 있는지의 여부에도 영향을 끼치고, 나아가 그녀의 아이들에게도 매우 심각한 영향을 미칠 것이다. 그런 식으로 무지함은 한 세대에서 다른 세대로 전해진다. "아버지에게 충분했다면 나도 충분해!"는 터무니없는 핑곗거리에 불과하다.

아버지에게 충분했던 것은 오늘날 그 누구에게도 충분하지 않다. 제자리에 가만히 있으면 어떻게 인류가 발전할 수 있을까? 아버지에게 충분했다면 나에게도 충분하다고 말하는 사람이 과거로 돌아가 아버지가 살아온 삶을 경험한다면 환상에서 깨어나 불행을 맛볼 것이다. 성실한 페더럴 익스프레스 여성 배달 기사에게 필요한 것은 "어디세요?"가 아니라 "어디에 계세요?" 또는 "몇 층에 사세요?"라는 질문이었다.

내가 말하기와 쓰기를 새로 공부하고 싶어 하는 사람들에게 가장 자주 추천하는 책은 윌리엄 스트렁크 주니어William Strunk, Jr.와 E. B. 화이트E.B. White의《영어 글쓰기의 기본The Elements of Style》이다. 시어도어 M. 번스타인Theodore M. Bernstein의《신중한 작가The Careful Writer》도 즐겁게 읽으며 많은 것을 배울 수 있을 것이다. 영어에 관한 훌륭한 책들로 컬렉션을 만드는 것도 아주 좋은 생각이다. 주제가 무엇이든 5년만 있으면 전문가가 될 수 있다는 것을 명심하자.

내가 살면서 배운 가장 중요한 것은 "사람은 생각하는 대로 된다."라는 것이다. 당신은 무슨 생각을 하는가? 당신의 목표는 무엇인가? 한 문장으로 쓸 수 있는가? 목표는 한 번에 하나씩 가져야 한다. 두 개 이상이거나 큰 목표를 향한 중간 목표가 여러 개 있다면 별도로 나누어 1, 2, 3, 4 등의 번호를 붙인다. 그러고 나서 이 질문에 대답하라. **오늘의 당신은 지금까지 살면서 당신이 생각한 것의 총합이다. 지금 당신은 세상에서 자신의 위치에 만족하는가?**

만약 대답이 '그렇다'라면 다음 기항지는 어디인가?

만약 대답이 '아니오'라면 어떻게 할 것인가? 앞으로 어떤 생각을 할 것인가? 어떤 생각을 할지는 우리가 스스로 통제할 수 있다. 그렇게 함으로써 전혀 예상치 못한 정도로 원하는 미래에 가까워진다.

예전에 라디오 청취자로부터 시와 함께 편지를 받았다. 그 여성은 편지에 "저는 예전부터 시를 쓰고 싶었어요."라고 적었다. 하지만 그녀가 보낸 편지와 시를 통해 나는 그녀가 시 쓰기에 대해 별로 진지하지 않고 사실 시에 대해 잘 알지도 못한다는 것을 알 수 있었다. 진지하게 시를 쓰고 싶어 하는 사람이라면 시를 읽고 수십 권의 시집을 소유하고 글쓰기와 시를 공부하고 그 어렵고 힘든 기술을 연마하기 위해 오랫동안 애써왔을 것이다.

그녀는 콘서트가 끝나고 피아니스트에게 "당신처럼 연주할 수만 있다면 무엇이든 하겠어요!"라는 말을 쏟아낸 여자와 다를 바가 없다. 여기에 피아니스트는 이렇게 맞받아쳤다. "20년 동안 하루에 7시간씩 연습하는 것만큼은 하지 않겠죠."

우리는 자신의 존재를 과소평가하는 경향이 있다

당신의 세계는 당신에 대한 진실을 말해준다. 당신이 배운 것과 얼마나 봉사했는지를 드러낸다. "당신의 목소리가 너무 커서 뭐라고 말하는지 들리지 않는다."라는 옛말이 맞는다. 무엇을 할 것인지 말하지 말고 행동으로 보여주어라. 얼른 가서 행동하라! 말뿐인 것은 성취에 위험하다. 무엇을 할 것인지에 대해 잔뜩 말하는 것은 마치 증기 밸브와도 같아서 실제로 그 일을 하게 될 때 그만큼 증기를 잃는다. 또 다른 진부한 표현도 있다.

"행동은 말보다 소리가 크다."

인도를 여행하던 커플이 호텔 근처 다리 옆에 앉아있는 유쾌하게 보이는 젊은 인도 남자를 발견했다. 그는 매일 똑같은 곳에 앉아있었다. 호기심이 생긴 그들은 청년에게 왜 매일 하루 종일 다리 옆에 앉아있는지 물었다. 그의 대답은 이러했다.

"나는 환생을 믿습니다. 나는 내가 수많은 전생을 살았다고 믿고 이번 생 이후에도 많은 생을 살 것이라고 믿습니다. 그래서 이번 생은 그냥 앉아있으면서 보내는 겁니다."

그는 계획이 있고 그 계획을 따르고 있었다. 당신은 어떤가? 가끔 나는 진지한 사람들에게 이런 질문을 받는다.

"사람은 생각하는 대로 된다고 하셨죠. 그런데 본인의 타고난 능력에 비해 너무 큰 꿈을 선택한 사람들은 어떻습니까?"

내 경험상, 심각한 신경증이나 정신질환의 경우를 제외하고, 사람은 주어진 능력에 비해 너무 커다란 목표를 선택하지 않는다.

오히려 자신을 과소평가하고 처음에는 목표를 너무 낮게 설정하는 경향이 있다. 다른 사람들이 해낸 일은 자연스럽게 받아들이면서 자신이 도달할 수 있는 성취를 의심하는 것이 인간의 자연스러운 경향인 듯하다. **너무 익숙해서인지 자신의 존재를 당연하게 여긴다. 우리는 성장과 성취에 대한 자신의 잠재력을 과소평가하는 경향이 있다.**

달 여행을 목표로 삼으라고 권하는 것이 아님을 기억하라. 물론 인간은 이미 달에 다녀왔지만 말이다. 내 말은 자신이 어디에 있고 어디로 가고 싶은지를 평가하고 가치 있는 목표를 세우고 그 목표에 대해 생각하기 시작하라는 것이다. 그리고 그 과정에서 "나는 내가 생각하는 대로 된다."라는 사실을 깨달아라. 어쩌면 수백만 명의 다른 사람들처럼 당신은 별다른 생각을 하지 않고 살아왔을 것이다. 그저 중립 상태를 지키며 마음이 기적과도 같이 가치 있는 일을 안겨주기를 기다렸을지도 모른다.

가장 하고 싶은 일이 무엇인지 결정하기가 어렵다면 도움이 될만한 게임이 있다. 당신이 경제적인 자유를 이루었다고 해보자. 전혀 걱정하지 않아도 되는 안정적인 수입원이 있다. 월요일 아침 좋은 컨디션으로 잠에서 깬다. 하고 싶은 것은 무엇이든 할 수 있다. 그렇다면 당신은 무엇을 할 것인가? 화요일, 수요일, 목요일, 금요일에 무슨 일을 하면 가장 즐거울까? 답을 적어보자. 누군가는 이렇게 말할 것이다. "와, 그럴 수만 있다면 얼마나 좋을까! 나는 항해할 때와 배에 있을 때가 가장 즐거워!"

그게 당신이 가장 좋아하는 일이라는 것을 아는 이유는 지금까지 여러 번 해본 적 있기 때문일 것이다. 이게 바로 열쇠다. 보트 사업에는 당신을 위한 무언가가 있다. 보트는 5만 개의 부품으로 되어 있고 새로운 사업을 할 수 있는 부분이 분명히 있다. 다른 사업도 마찬가지다. 큰 산업이다. 그게 당신이 원하는 것이라면 추구해라. 마음이 가장 자연스럽게 향하는 곳은 즐겁고 생산적인 미래의 열쇠다. 살펴보고 적고 가능한 모든 각도에서 탐색하라. 거기에 기회가 있다. 수많은 세계가 있다!

우리는 자신의 타고난 능력 이상의 목표를 진지하게 선택하지 않는다. 우리의 선택은 우리가 누구인지, 즉 유전자 조합에 따라 결정된다. 하지만 가장 큰 즐거움을 느끼는 일을 하면 사회에 가장 중요한 기여를 할 수 있을 것이다. 우리가 받는 보상은 사람들에게 얼마나 도움이 되는지에 따라 결정된다.

✦ 인생의 진리 ① ✦

....

사람은 생각하는 대로 살게 된다.

✦ 2장 ✦

성공의
공식을 찾다

Earl Nightingale

✦

　사람은 자신이 큰 즐거움을 느끼는 일을 하면 사회에서 중요한 기여를 할 수 있다. 우리가 받는 보상은 사람들에게 얼마나 도움이 되는지에 따라 결정된다.

　'뿌린 대로 거둔다.'
　이 위대한 진실에 대해 생각할수록 학교 교실과 기업 이사회실, 정부 기관은 물론 텔레비전이나 라디오 광고 및 실외 광고판에서 이 말을 보고 싶어진다. 성인이라면 누구나 자신의 수확을 살펴보는 간단한 방법으로 뿌린 씨앗의 범위와 품질을 평가할 수 있다.
　삶의 어느 시점에서든 수확은 우리 세계의 총투입을 나타낸다. 그것은 가족, 정신적인 삶, 친구들, 동료들의 태도, 사는 곳, 소유한 것들, 그리고 물론 금전적인 수익으로 대표된다. 언제나 수확은 우리가 축적한 것과 참여하고 있는 세계로부터 받는 것의 합계다. 그것은 우리의 노력과 봉사의 범위와 질에 따라 달라진다. 원인이 있으면 결과가 있다. 모든 행동에는 크기가 같고 방향이 반대인 힘이 존재한다.

뿌린 대로 거둔다는 법칙의 예외를 굳이 찾을 필요는 없다. 없으니까. 위대한 법칙은 그 누구도 예외일 수 없다. 만약 당신의 할아버지가 세금을 제외하고 3억 달러를 남겼어도 당신은 원인과 결과의 법칙에 영향을 받는다. 당신이 행복하거나 불행하거나 둘 다이거나. 개인적인 성공과 실패는 오로지 당신이 초래한 원인에 좌우된다.

당신은 뿌린 대로 거둘 것이다. 태어나는 날부터 죽는 날까지.

우정의 씨앗을 뿌리면 그 대가로 우정을 받을 것이다. 사랑의 씨앗을 뿌리면 그 대가로 사랑을 받을 것이다. 모든 사람에게 좋고 유익한 씨앗을 뿌리면 당신도 좋고 유익한 수확을 거둘 수 있다. 하지만 그 법칙을 가동시켜야 하는 것은 결국 자신이다. 그 법칙이 내가 아닌 다른 사람에 의해 가동될 때도 있다. 그럴 때 우리는 다른 사람의 법칙을 따르느라 주도적인 성장을 이루지 못하거나 법칙을 따르기를 그만둘 수도 있다.

나는 오랫동안 장작 난로의 비유를 사용했다. 따뜻해지기를 원한다면 나무를 가져와 성냥을 그어야 한다. 그 어떤 행동도 취하지 않고 차가운 난로 앞에 앉아 난로가 따뜻해지기를 원한다면 영원히 차가운 난로 앞에 앉아있어야 한다.

수백만 달러를 가진 사람이 성공하지 못했다고 말하면 당신은 말도 안 된다고 생각할지도 모르지만, 실제로 그런 경우가 많다. 어떤 사람은 생산적인 투자로 막대한 수익을 올린다. 아주 간단히 말하자면 재정적으로 안정적이다. 하지만 그렇다고 뿌리는 것보다 더 많이 거둬들인다고 말할 수 없다. 그것은 불가능하다.

하워드 휴즈Howard Hughes는 극단적인 예다. 그는 엄청난 부자였지만 그만의 감옥에서 살았고 영양실조와 사회적 박탈감에 시달렸다. 삶과 세상, 사람들에 대한 정신병적인 태도 때문이었다. 비록 그의 회사들이 적절한 경영으로 큰 수익을 올리고 빠른 성장을 거두었지만 결국 그는 인간으로서 비참한 실패자였다. 휴즈가 거둬들인 수확은 너무도 황폐한 불모지였다. 그것은 그가 뿌린 것과 완벽하게 일치했다.

당신과 나의 수확도 마찬가지이며 언제까지나 그럴 것이다. "내가 얻을 이익은 무엇인가?"라는 태도는 장작을 가져와 불을 붙이려고 하지 않으므로 난로의 열을 차단한다. 사람들은 "나는 직장이 필요해." 또는 "나는 일이 필요해."라고 말한다.

여기서 다시 한번 난로 은유를 떠올릴 수 있다. 아이 같은 욕심이다. 이들이 이렇게 말한다면 뭐가 달라질까? "나는 이 공동체의 사람들에게 도움이 될 수 있어. 내가 이 사람들에게 봉사하고 즐거움을 느낄 수 있게 해주는 일은 무엇일까?" 장작을 가져오고 성냥불을 붙이는 행동은 이렇게 시작된다. 올바른 방향으로 나아가고 있다.

알베르트 아인슈타인은 이런 질문을 받은 적이 있다. "박사님, 우리는 왜 세상에 존재하죠?" 그는 너무도 기본적인 질문에 놀란 얼굴로 질문자를 바라보고 이렇게 대답했다. "우리는 다른 사람들에게 도움이 되기 위해 존재합니다."

물론이다! 우리는 봉사하기 위해 존재한다. 우리가 받은 모든 것, 특별한 기쁨과 즐거움을 준 모든 것은 봉사의 결과로 우리에게 온 것이다. 봉사는 행복한 결혼과 행복한 가정의 열쇠이고 그 어떤 집단이든 행복의 열쇠가 된다.

크리스마스와 같은 날에 얻을 수 있는 가장 큰 기쁨은 우리가 준 선물을 열어보는 사람들을 바라보는 순간이다. 물론 오랫동안 원했던 물건을 사는 기쁨도 크다. 다른 사람에게 선물을 하거나 내가 꼭 갖고 싶었던 물건을 사는 것은 우리가 다른 사람들에게 봉사한 결과다. 거기에서 돈이 나온다. 우리가 버는 돈의 금액은 항상 우리가 하는 봉사와 정비례한다.

그것은 어릴 때 나를 괴롭혔던 이 질문에 대한 답이기도 하다. "같은 시간을 일하는데도 왜 어떤 사람들은 다른 사람들보다 돈을 더 많이 벌까?" 수입과 일하는 시간의 연관성이 매우 적거나 아예 없는 소수가 존재한다. 왜 그런 것일까? 그들이 하는 봉사의 본질과 태고로부터 전해져오는 수요 공급의 법칙과 관련 있다.

20승 이상을 달성하는 투수나 3할 타율의 야구선수는 그 실력을 발하는 동안 많은 돈을 벌 것이다. 그런 능력을 가진 사람이 많지 않기 때문이다. 모든 팀이 그를 원하므로 그는 최고 수준의 몸값을 요구할 수 있다. 그는 스타다. 오랫동안 수백만 명의 팬들을 즐겁게 해주고(봉사라고 할 수 있다) 명예의 전당에 오를 수도 있다.

앤드루 로이드 웨버Andrew Lloyd Webber는 돈이 엄청나게 많다. 그는 전 세계적으로 사랑받는 뮤지컬을 쓰고 〈캣츠〉 음악과 〈조셉 앤 디 어메이징 테크니컬러 드림코트Joseph and the Amazing Technicolor Dreamcoat〉, 〈지저스 크라이스트 슈퍼스타Jesus Christ Superstar〉, 〈에비타〉의 음악을 만들었다. 덕분에 돈을 엄청나게 많이 벌었고 67에이커의 버크셔 사유지, 방이 40개나 되는 런던 하이드 파크 동쪽의 고급 주택, 런던의 복층 건물을 살 수 있었다. 그는 수백만 명을 즐겁게 해주었으며(봉사) 그의 놀라운 재능을 세상이 계속 이용하게 한다면 당연히 앞으로도 계속 그럴 수 있을 것이다.

당신이 가지고 있는 것을 수백, 수천 심지어 수백만 명의 사람들이 사용하거나 즐길 수 있는 것으로 만든다면 당신도 멋지고 좋은 것들을 살 수 있다. 뿌린 대로 거둔다. 우리가 뿌린 씨앗이 많은 사람에게 서비스를 제공한다면 우리가 거두는 수확에 영향을 미친다. 당신이 20승을 올리는 투수와 3할 타율의 타자, 유명한 뮤지컬 작가를 한 자리에 불러 모아 이야기를 나눌 수도 있을 것이다. 그들은 정말로 희귀하고 가치 있는 존재들이다.

인간이 활동하는 모든 분야에는 스타가 있다. 모든 분야의 나머지 사람들은 '봉사-보상'의 연속체에서 내림차순으로 존재한다고 볼 수 있다. 예전에 나는 샌프란시스코에서 호안 미로(Joan Miro)의 작품 가격을 물어본 적이 있다. 60만 달러였다. 그 작품은 우리 집에 걸려 있지 않지만 분명 어딘가에 걸려 있을 것이고 분명 그만한 값어치를 할 것이다. 왜냐하면 그 숫자가 제한되어있는데다 기꺼이 그만한 대가를 치를 준비된 시장이 있기 때문이다. 그만큼 호안 미로의 재능은 굉장했다.

성공한 부자가 되려면 어떻게 해야 할까?

당신과 내가 팔아야 할 것은 무엇일까?

그것이 핵심이다. 당신이 지금 하고 있는 일에 세상은 무엇을 지불할까?

승자가 되기 위해 꼭 슈퍼스타일 필요는 없다. 20승 투수나 3할 타율 타자가 아니라도 자신이 하는 일을 사랑하고 훌륭한 수입을 올리는 성공한 프로 야구 선수들이 많이 있다. 프로 선수가 되는 것만으로도 존경받고 돈도 많이 버는 소수의 일류 집단에 들어간다. 그것 자체가 흔치 않은 성공이다. 다른 분야에서도 비슷하다.

당신이 하는 일을 얼마나 많은 사람들이 하고 있는가? 당신이 서비스를 제공하는 분야에서 당신은 어느 정도의 가치를 지녔다고 말할 수 있는가? 인간으로서가 아니라 남을 위해 봉사하는 사람으로서 말이다. 사회경제적 피라미드에서 당신은 숫자가 적어지는 꼭대기 근처에 있는가, 아니면 숫자가 커지는 하단에 있는가, 아니면 중간 어디쯤인가?

어떤 사람들이 다른 사람들보다 더 많은 돈을 버는 이유가 그것이다. 그들은 다른 사람들에게 더 가치 있고 더 수요가 더 많은 서비스를 제공하고 있다.

사회경제적 계층의 하단에는 재능이나 교육을 거의 필요로 하지 않는 직업에 종사하는 사람들이 있다. 수하물 취급자, 식당 종업원, 택시 운전사, 가게 점원, 경비원 등 만약 이들이 병에 걸리면 다른 사람으로 쉽게 대체될 수 있다. 대체된 사람이 이전 사람보다 일을 잘하지 못할 수도 있지만 그래도 어쨌든 그 일을 할 수는 있다. 그 일을 할 수 있는 사람들이 너무 많으므로 수요가 방대해도 쉽게 채워지며 급여도 낮다. 대체하기가 쉬운 사람인가? 그 대답은 적은 급여로 이어진다.

그런 종류의 일을 할 의향이 있는 사람이라면 그 소득 수준을 기꺼이 받아들여야 한다. 물론 일류 레스토랑의 일류 웨이터들은 좋은 보수를 받는다. 하지만 그들은 일을 하거나 유급 휴가일 때만 돈을 받는다. 그들은 개인 서비스 비즈니스에 종사하기에 만약 개인이 그 자리에 없으면 수입은 중단된다.

치과의사와 의사도 마찬가지다. 치과의사는 사람들의 입에 손을 넣지 않으면 수입이 중단된다. 적어도 그의 전문적인 서비스에 의존하는 수입은 멈춘다. 그가 그를 위해 저절로 일하며 아주 높은 수익을 올려주는 투자를 하고 있을 수도 있지만 말이다. 의사도 미찬가지다. 수입을 계속 유지하려면 그가 물리적으로 일터에 존재해야만 한다. 많은 분야가 마찬가지다.

하지만 앤드루 로이드 웨버는 일하러 가든 가지 않든 간에 그가 만든 노래가 재생될 때마다, 그의 뮤지컬이 무대에 오를 때마다 돈을 번다. 물론 그는 일에 매우 큰 즐거움을 느낀다. 즐거운 음악을 만드는 것은 어려운 작업이지만 그에게는 놀이이기도 하다. 그는 그 일을 좋아한다.

당신이 좋아하는 일은 무엇인가?

당신이 할 수 있는 일 중에서 골프를 치거나 보트를 탈 때조차도 많은 돈을 벌게 해주는 일은 뭐가 있을까? 당신이 좋아하는 일 중에서 꼭 그 자리에 있지 않아도 다른 사람들을 위해 봉사할 수 있는 일은 무엇인가? 많은 직업에서 요구하는 '직접 봉사'의 조건을 무효로 할 수 있는 방법은 무엇일까?

20승 연승 투수는 마운드에 나가서 경기를 치러야 한다. 경기에 나가지 않으면 승리할 수 없다. 하지만 그는 스타이므로 10년 동안 선수 생활을 하면서 번 많은 돈을 투자해 원한다면 남은 인생 내내 낚시를 즐길 수 있다. 그는 10년 동안 선수로 뛰면서 수백만 명에게 봉사했고 성공을 거두었다. 초콜릿 칩 쿠키 페이머스 에이머스Famous Amos를 만든 내 친구 월리 에이머스도 비슷하다. 지금 그는 대부분의 시간을 하와이에서 보낸다.

당신의 직업이 무엇이든 건강을 챙기면서 할 수 있는 한 오래 일하라. 만약, 당신이 그 일을 사랑한다면 그 일은 당신을 행복하게 해주고 좋은 삶을 살 수 있는 돈을 벌게 해줄 것이다.

일류 레스토랑의 일류 웨이터는 그 일을 사랑한다면, 그 일이 지금까지 사귄 친구들과 매일 만나고 젊고 활동적인 삶을 살게 해준다면, 계속 일해야 한다. 발을 잘 관리하고 일을 즐겨라. 일류가 일류의 일을 하는 것보다 만족스러운 것은 없다. 사람들은 가능한 최고 서비스를 이용하고 싶어하며 많은 돈을 기꺼이 낼 것이다. 신은 자기가 몸담은 분야에서 최고인 사람들을 사랑한다. 나도 그런 사람들을 사랑한다.

훌륭한 정원사도 마찬가지다. 모든 서비스 분야의 탁월한 인재들이 그렇다. 그런 사람들은 많지 않다. 그들은 자신이 하는 일을 사랑하고 겉으로도 드러나며 그 분야에서 가장 높은 수준의 소득을 올린다.

당신은 개인적인 서비스업에 종사할 수도 있고 일하지 않아도 훌륭한 수입을 올려주고 부자로 만들어주는 무언가를 생산할 수도 있다. 선택은 당신의 것이다. 그렇다. 스스로 선택할 수 있다. 그것은 당신이 맡은 책임이기도 하다. 20승 투수 또는 타율 3할의 타자처럼 특별한 재능을 가지지 않아도, 앤드루 로이드 웨버처럼 백만장자가 되는 능력이 없어도 된다.

당신이 가장 잘하는 것은 무엇인가? 어떤 일을 할 때 가장 좋은가? 분명 어딘가에서 당신을 애타게 기다리는 기회가 있을 것이다. 나는 내 특기를 찾았다. 당신의 특기는 무엇인가? 당신은 그 일을 찾아야 할 책임이 있다.

당신이 살면서 받는 보상은 당신이 하는 봉사와 정확히 비례할 것이다. 당신은 다른 사람들에게 도움이 되기 위해서 존재한다.

그들도 당신에게 도움이 되기 위해 존재한다. 어떻게 하면 봉사를 극대화할 수 있을까? 어떻게 하면 일반 고객들뿐만 아니라 당신의 직업에 종사하는 사람들에게까지 서비스를 제공할 수 있을까?

　나는 반항적인 젊은이들이 바리케이드 뒤에서 '우리의 일'을 하고 싶다고 소리치던 60년대를 기억한다. 나는 그것이 교육의 목적이라고 그들에게 소리치고 싶었다. 더 나은 교육을 받을수록 우리는 자신의 '일'이 무엇인지 발견하고 능력과 에너지를 최대한 발휘해 다른 사람들을 위해 봉사하며 그 일을 할 수 있게 된다. 그렇게 해야만 우리 자신과 우리가 살고 있는 세상에 대한 의무를 다하는 기쁨을 알 수 있다. 오직 그렇게 우리는 최고의 보상을 경험할 수 있다.

"나는 자면서
삶은 기쁨이라는 꿈을 꾸었네,
나는 깨어나서
삶이 의무라는 것을 알았지.
나는 행동했고, 보라!
의무는 즐거움이었다네."
- 라빈드라나드 타고르

독자여, 그게 가장 중요하다.

성공한 사람은 이렇게 말할 수 있는 사람이다.

"내가 나아가고 있는 목표는 이것이다. 나는 이 방법으로 거기에 도달할 것이다. 그리고 내가 그 목표에 도달하면 다른 목표가 생길 것이다. 나는 그때 분명 예전보다 개선되어 있을 그 방법으로 새로운 목표도 이룰 것이다."

당신은 그렇게 말할 수 있는가?

그렇지 않다면 심층적인 생각과 자기 성찰이 필요하다. 절망할 필요는 없다. 그만한 성숙함은 사람마다 다른 단계에서 나오기 마련이니까. 모차르트는 8세 때 자신이 해야 할 일을 알았고 그 후 그가 한 일을 전 세계가 즐기고 있다. 모차르트는 음악계에서 하나의 현상이었고 매우 드문 천재였다. 아인슈타인이 물리학의 획기적인 돌파구를 처음 발표한 것은 겨우 21세 때 감기에서 회복 중일 때였다. 하지만 괴테는 80대에 《파우스트》를 완성했다.

세상을 위해 내가 할 일이 있다는 사실을 깨달은 후에는 지금까지 경험했던 것보다 그 후 5년 동안 더 많은 것을 하고 더 많은 재미를 느낄 것이다. 스스로 좋아하는 일에 완전히 몰입하고 다른 사람들을 위한 봉사를 일류 수준으로 해내면 시인 타고르의 말처럼 "의무는 기쁨이다". 신비롭게도 자신의 운명으로 정해진 봉사에서 진정한 사랑을 처음 발견하는 이들은 놀라며 이렇게 말한다. "정말로 이 일을 하고 돈까지 받을 수 있다고요? 공짜로라도 할 수 있는데!"

이때 당신은 올바른 일을 찾았다는 것을 알 수 있다. 그때 비로소 당신은 월트 디즈니, 헨리 포드, 라이트 형제, 20승 투수, 3할 타율의 타자, 잇달아 히트를 친 뮤지컬을 쓰는 작가가 된다.

나는 세상이라는 커다란 그림에는 누구나 잃어버린 조각조각처럼 쏙 맞춰 들어갈 수 있는 자리가 있다고 믿는다. 그 자리가 무엇인지 그에 합당한 관심과 시간을 기울여 찾으려고만 하면 된다. 그것이 바로 '의미를 찾는 여정'이다. 누구나 세상에 태어나는 순간부터 평생 해나가야 하는 일생의 여정.

결혼을 통해 상류 사회에 들어가려고 하는 10대 소녀들은 어떤가? 그들은 지성을 꽉 눌러 저 멀리 치워두고 포춘 쿠키 안에 들어있는 행운의 메시지에 인생을 건다는 느낌을 주기도 한다. 그 10대 소녀들은 곧 자신을 찾을 것이다. 결혼하든 하지 않든 그들이 현재 따라가고 있는 피라미드 맨 아래의 것보다 더 밝은 빛을 보지 못한다면 앞으로 40년 동안 그대로 남아있을 것이다. 미친 것처럼 보일지 모르지만 그들은 정말로 부자들의 사회에 소속되고 싶어 한다. 하지만 시간을 들여 인생의 의미를 찾지 않는다면 너무 일찍 결혼과 자녀 문제로 인생을 복잡하게 만들고 평생 슈퍼마켓에서 서로의 팔꿈치를 쿡쿡 찌르고 주택단지에서 살아갈 것이다.

그들은 결혼이 마치 자석이라도 되는 듯 에머슨이 '사회의 위대한 수레바퀴'라고 부른 것에 착 달라붙는다. 그들 덕분에 캘리포니아의 위드에서 배관을 고치는 사람이나 인디애나 게리에서 정화조를 청소하고 플로리다 포트 마이어스에서 식료품을 봉지에 담아주는 사람이 있다. 훌륭한 시스템이다.

미국이든, 해외든, 아무리 외딴곳이나 사람이 살지 않는 것처럼 보이는 곳일지라도 필요한 자리를 채우는 사람들이 있을 것이다. 공항 커피숍의 웨이트리스, 택시 기사, 호텔 프런트 직원, 벨보이가 도시의 모든 거리를 오르내리면 당신에게 서비스를 제공하기 위해 제각각 맡은 일을 하는 사람들이 보인다. 호텔 홀리데이 인의 보이지 않는 요리사들도 있고, 항상 제시간에 문을 여는 주유소도 있다.

"돈 많은 남자와 결혼해서 화려한 인생을 살고 싶어 하는 수많은 10대 소녀들은?"라고 묻는다면 이렇게 대답해야겠다. 그들이 없으면 세상이 어떻게 될까? 그들은 나나 당신과 똑같은 일을 하고 있다. 그들도 자신만의 방식으로 세상에 봉사한다. 그들에게

신의 가호가 있기를. 세상은 그들이 필요하다.

당신이 아침에 색 바랜 청바지를 입은 젊은 남자가 프랜차이즈 레스토랑에서 이쑤시개로 이를 쑤시며 나와 안에서 애완견이 기다리고 있는 그의 픽업 트럭으로 향하는 것을 본다면 그가 어딘가에서 제 역할을 하고 있고 그만의 방식으로 세상에 봉사하고 있다는 것을 기억하라. 아마도 그는 그 사실에 대해 깊이 생각해보지 않았겠지만 그의 부모와 임신한 젊은 아내는 그를 자랑스러워할 것이다. 그는 맡은 일을 한다.

행복이 행복을 전한다

어느 날 아침 캘리포니아주 몬테레이에서 아침을 먹는 도중에 특이한 일을 목격하게 되었다. 식사가 나오기를 기다리며 조간신문을 읽는데 젊고 예쁜 웨이트리스가 갑자기 내 테이블 옆을 빠른 속도로 달려갔다. 순간 내 시선이 그녀에게로 향했다. 그녀는 구석 자리에 털썩 무릎을 꿇고 앉아 큰 창문 앞에서 미친 듯이 팔을 흔들기 시작했다. 그녀의 시선은 바깥의 무언가에 고정되어 있었다.

그녀의 주의를 끈 게 무엇인지 언덕 아래를 내려다보니 자전거를 탄 젊은이가 교차로를 건너 다른 쪽으로 가는 게 보였다. 갑자기 그가 고개를 돌리더니 식당 쪽을 쳐다보았다. 그는 창가의 그녀를 발견하고 왼팔을 들어서 아는 척하고 가던 길을 계속 갔다.

웨이트리스는 그가 사라질 때까지 계속 바라보았다. 마침내 돌아선 그녀는 나를 비롯한 몇몇이 자신을 쳐다보고 있는 것을 보았다. 그녀는 붉어진 얼굴로 활짝 미소 지으며 우리에게 말했다. "제 남편이에요!"

누군가에게서 이렇게 있는 그대로의 기쁨을 보는 것은 흔치 않은 일이다. 그런 사랑은 정말로 큰 힘을 북돋워 준다. 그 장면을 본 사람들은 우리가 목격한 것이 인생의 매우 크고 중요한 부분, 가장 즐거운 부분이라는 것을 알고 있었다. 이해를 초월하는 현상이다. 무엇도 그것을 정의하지 못한다.

그것은 세상에서 가장 위대한 일이고 어떻게 그런 일이 일어나는지 확실히 아는 사람도 없다. 물론 남녀 간에는 지극히 자연스러운 끌림이 존재한다. 하지만 한 여성과 한 남성 사이에서 가끔 찾아볼 수 있는 마법 같은 관계를 비교할 수 있는 것은 아무것도 없다.

그날 아침 그 레스토랑에서 일어난 일을 본 사람들은 기분이 좋아지고 마음이 따뜻해졌다. 다들 미소 띤 얼굴로 그 젊은 여성을 바라보았다. 그녀의 행복이 우리를 행복하게 했다. 그나 그녀는 자신이 남들에게 봉사하는 것에 대해 생각하지 않겠지만 누구나 똑같다. 봉사가 모든 것을 제대로 돌아가게 한다.

만약 투수로 20경기 연속 승리하거나 3할 타율을 기록하거나 뮤지컬 음악을 작곡하는 일이 쉽거나 흔했다면 우리는 큰 곤경에 처했을 것이다. 최신 인구 통계 조사에 따르면 일하는 미국인 중에서 1년에 7만 5천 달러 이상을 버는 사람은 전체의 3퍼센트밖에 되지 않는다. 2억 3천만 명 이상의 미국인 가운데 백만장자는 80만 명밖에 되지 않는다.

고소득층으로 이루어진 모임은 소규모라 입장 조건부터 까다롭다. 1년에 7만 5천 달러 이상을 벌 수 있는 흔치 않은 서비스를 제공해야 한다. 그리고 25만 달러 범위까지 올라가면 아주 많은 사람의 욕구를 충족시키거나 소수에게만 매우 비싼 가격이 붙은 제품을 팔고 있을 것이다.

미국 공군에 스페리사Sperry의 유니백Univac 컴퓨터를 팔면 수수료가 상당할 것이다. 매주나 매달 한 개씩 파는 제품은 아니니까. 어쨌든 상위 소득 범위에 놓인 사람은 특별한 서비스를 제공하고 있다. 메이시스에서 브래지어를 파는 것과 다르다.

부부가 함께 일하는 내 친구와 그의 아내가 어떻게 백만장자가 되었는지 말해주겠다. 그들은 자동차의 이동식 엔진을 재조립하는 것으로 시작했다. 남편 머빈은 몇 명의 조력자와 함께 자동차 엔진을 재조립했고 아내 베릴은 점점 늘어나는 가족을 돌보았다. 하지만 문제는 기름때가 가시지 않는 머빈의 손이었다. 무슨 수를 써도 손에 낀 기름때를 깨끗하게 없앨 수 없었다.

그래서 그들은 열심히 일하는 성실한 사람들의 손을 해치지 않으면서도 쉽게 빠지지 않는 기름때를 없애는 방법을 실험하기(문제를 해결하기 위해) 시작했다. 다양한 종류의 세정제와 피부를 보호해주는 다양한 종류의 크림이 실험에 사용되었다. 그리고 어느 날 바로 그런 효과가 있는 제품을 만들어냈다. 정말로 손의 기름때를 깨끗하게 없애주고 피부를 부드러우면서 편안하게 유지할 수 있게 되었다. 무엇보다 머빈에게 아주 효과적이었다. 그래서 그들은 같은 문제를 가진 친구에게 그들이 만든 크림을 사용해보게 했다. 친구에게도 효과가 좋았고 그 친구와 아내는 제품을 극찬했다.

머빈과 베릴은 그 제품에 플라이트Flight라는 이름을 붙이고 남아프리카공화국(친구 부부가 사는 곳이다) 전역에서 팔기 시작했다. 결과는 대성공이었다. 하지만 그들은 제품을 유통하고 판매하기 위한 완전히 새로운 방법을 찾아야 했다. 그들은 젊은 여성 사원들을 모집해 전국의 휴게소와 정비소를 방문하게 했다.

기계를 다루느라 손이 지저분해지는 일을 하는 사람들이 있는 곳이라면 어디든 사원들이 크림으로 기름때를 없애는 시범을 보이고 주문을 받았다. 그들은 판매 수수료에 만족했고 고객들은 제품에 만족했고 대량으로 제품을 생산하게 된 베릴과 머빈은 수익에 만족했다.

제품이 워낙 큰 성공을 거두어서 후에 규모가 큰 클렌징 제품 회사가 5백만 란드(약 5백만 미국 달러)에 그들의 회사를 사들였다. 머빈과 베릴은 그렇게 번 돈을 은행에 예금하고 그들의 다섯 아이를 키우는 일에 힘썼다.

하지만 대기업은 너무 제도화되어 있어서 플라이트를 판매하기 위해 젊은 영업 사원을 고용하지 않았다. 세세한 관심과 특별한 노하우가 필요했기 때문이었다. 결국 2~3년 후에 대기업 이사들은 너무 귀찮다면서 회사를 머빈과 베릴에게 돌려주었다. 머빈과 베릴은 5백만 란드를 벌고 회사까지 돌려받았다. 현재 그들은 그 제품을 해외에서 판매하기 위한 절차를 밟고 있다.

머빈과 베릴, 그들의 다섯 자녀는 매우 좋은 사람들이다. 백만장자가 되었지만 돈은 그들을 더 좋은 사람으로 만들었다. 그들의 성공은 엔진 재조립하는 일에서 시작되었다. 리글리의 껌이 처음에는 베이킹 파우더를 사면 끼워주던 사은품이었다는 것을 아는가?

W. D. 보 랜달은 고급스러운 품질의 수제 칼을 만든다. 그의 칼을 사려는 대기자 명단은 4년 치나 밀려있다. 73세의 미남 랜달

은 1937년에 취미로 핸드메이드 칼을 만들기 시작했는데 결국에는 모두가 인정하는 핸드메이드 칼 디자인의 장인이 되었다. 그가 만든 멋진 칼은 NASA가 프로젝트 머큐리 우주 비행사들의 서바이벌 팩에 포함시켰을 정도로 품질이 뛰어나다.

그의 훌륭한 제품들은 워싱턴 D.C에 있는 스미스소니언 협회 Smithsonian Institution와 여러 박물관에서 볼 수 있다. 그의 칼은 가격이 130~600달러에서 그 이상이 되는 것도 많은데 수요를 충족하기에 역부족이다. 가장 저렴한 제품이라도 직접 손으로 만드는데 최소 12시간이 걸리기 때문이다.

입에 이쑤시개를 문 빛바랜 청바지를 입은 젊은 남자가 식당에서 나와 그의 픽업 트럭으로 향할 때 머빈과 베릴, 보가 했던 생각을 할까? 하지 않을 것이다.

당신은 특별한 서비스를 제공할 수 있는 일에 대해 생각하는가? 당신이 매일 하는 일을 살펴보라. 현재 무슨 일을 하든 당신의 지금 하는 일에는 평생 발전시킬 수 있는 것보다 더 많은 기회가 숨어있다.

당신이 청소부라면 더 편리한 빗자루나 걸레, 또는 청소 제품을 만들 수 있을까? 작업의 어느 측면에 개선 여지가 있는가? 서비스를 어떻게 확장할 방법이 있을까?

현재 하는 일을 확장하는 것은 봉사-보상의 비율을 높이는 열쇠가 된다. 처음에 내 라디오 프로그램은 미국의 라디오 방송국 한 군데에서 방송되었다. 이 글을 쓰는 지금(1984년) 내가 진행하는 일일 방송 〈변화하는 세상Changing World〉은 미국과 캐나다, 멕시코, 호주, 뉴질랜드, 피지, 남아공, 바하마, 그 밖의 수십 개 국가의 수백 개의 라디오 방송국에서 방송되고 있다. 지금 나는 한 시장에서만 라디오 청취자들을 만나는 것이 아니라 1천 개가 넘는 지역에서 그렇게 하고 있다. 당신도 당신이 하는 일을 여러 곳에 팔 수 있겠는가?

몇 년 전에 유명 배우 캐롤 오코너Carroll O'Connor는 그와 그의 아내 낸시가 뉴욕에서 보낸 초반 시절의 이야기를 들려주었다. 캐롤과 낸시는 둘 다 교사였지만 캐롤의 가장 큰 소원은 배우가 되는 것이었다. 그는 연기가 자신의 길이라는 것을 온몸으로 느낄 수 있었다. 그래서 캐롤과 낸시는 합의를 했다. 캐롤이 배우로서 명성을 쌓기 위해 작품에 출연하려면 오디션 제의 전화가 걸려 올 때 전화를 받을 사람이 집에 있어야만 했다.

그래서 낸시는 일하고 캐롤은 배우 에이전시와 제작자들을 만나러 다닐 때를 제외하고 집에 있기로 했다. 캐롤은 나에게 낸시가 출근하기 위해 춥고 음산한 뉴욕의 이른 아침에 일어날 때마다 벽을 보고 누워서 자는 척했다고 말했다. 그는 그 상황이 싫었지만 다른 방법이 없다는 것을 잘 알고 있었다.

캐롤에게는 점점 오디션 제의 전화가 걸려 오기 시작했고 미국 최고의 배우 에이전시와 계약을 맺게 되었다. 머지않아 낸시는 더 이상 뉴욕에 있는 아파트에서 추운 아침에 출근을 위해 일찍 일어날 필요가 없게 되었다. 내가 할리우드에 있는 그들의 멋진 집을 마지막으로 방문했을 때 캐롤은 배우로서 최고 전성기를 누리고 있었고 낸시는 유니세프 로스앤젤레스에서 자원봉사를 하고 있었다.

이들 부부는 참으로 훌륭한 팀이다. 만약 이들의 끈끈한 파트너십이 없었다면 이렇게 일이 잘 풀리지 못했을 것이다. 함께 로마에 갔을 때 캐롤은 노먼 리어가 그를 새로운 작품에 캐스팅하고 싶어 한다고 말했다. 〈올 인 더 패밀리〉라는 제목의 시트콤이었는데, 결국 그 작품은 미국에서 가장 인기 있는 텔레비전 시리즈가 되었다.

몇 년 후 캐롤, 낸시, 노먼 리어와 할리우드에서 함께한 저녁 식사에서 리어는 아치 벙커 캐릭터를 그렇게 사랑스러우면서도 터무니없고 웃기게 표현할 수 있는 배우는 세상에 캐롤 오코너뿐이라고 말했다. 캐롤은 수백만 명이 고민을 잊고 바보 같고 말도 안 되는 편견에 웃음을 터뜨리게 만들었다. 그는 우리 사회의 모든 어리석음을 희화한 살아있는 캐릭터가 되었고 그래서 모두가 그를 사랑했다. 그가 사람들에게 얼마나 훌륭한 서비스를 제공했는가는 그 프로의 연간 시청률로 증명되었다. 출연진 전체가 훌륭했다. 캐롤 오코너는 훌륭했다!

보상은 봉사와 정비례한다

우리는 매일 수천 명의 보이지 않는 사람에게 봉사를 받는다. 그들은 우리가 마시는 커피빈을 수확하고 밀을 수확하고 우리가 먹는 빵을 굽고 우리가 마시는 우유를 짜고 치즈를 가공한다. 그들은 우리에게 전기와 온수를 제공한다. 그들은 우리의 집을 따뜻하게 해주고 전구, 카펫, 유리, 나무, 강철, 콘크리트 등 집안에 있는 모든 것을 생산한다. 그들은 우리가 입는 옷과 우리가 일상생활을 하는 집안의 가구와 침대보, 우리가 원하고 즐기는 수천 가지의 작은 것들을 만든다.

그들은 우리가 타는 자동차를 제조하고 그 자동차에 동력을 만드는 휘발유를 가공한다. 그들은 우리가 그들에게 해주는 것을 제외하고 우리에게 모든 것을 해준다. 내가 그들에게 무엇을 해줄지 결정하는 것은 나의 선택이다. 그 결정을 내림으로써 우리는 세상 속에서 자신의 위치를 결정한다.

얼마 전에 쿠키 매장 300개를 보유하고 곧 영국에도 진출 예정인 스물아홉 살의 여성 기업가에 대한 기사를 읽었다. 당신이 매장 하나를 운영하고 있다면 1천 개의 마을과 도시에 매장을 늘리는 건 어떤가?

당신이 하는 일, 가장 좋아하는 일을 곱절로 늘릴 수 있는 방법을 찾아라. 서두를 필요는 없다. 느리고 꾸준한 성장이 가장 좋다. 만약 당신이 월급 받는 직장에서 일한다면 지금 하는 일에서 서비스를 두 배로 늘리는 방법이 있을까? 당신은 대다수가 알 필요가 있거나 알고 싶어 하는 것을 알고 있는가? 당신의 취미는 무엇인가? 생각해보자. 펜과 종이를 챙겨라. 펜과 종이를 항상 곁에 놓아두자. 생각을 적고 싶어질 것이다.

보상은 봉사에 정비례한다는 사실을 항상 기억하자. 보다 많은 사람에게 봉사할 수 있는 합리적이고 확실하며 건전한 방법을 찾는다면 보상은 저절로 나올 것이다.

과연 몇 퍼센트의 사람들이 봉사와 보상에 대한 생각을 머릿속에 가지고 있을까? 1퍼센트? 그것만 해도 후하게 쳐준 수치다. 하지만 '뿌린 대로 거둔다'라는 성경 구절을 아는 사람은 얼마나 될까? 95퍼센트? 그쯤 될 것이다.

이것이 단순히 성경에 나오는 좋은 말씀이 아니라 우리 삶에서 정말로 사실이라고 믿는 사람은 얼마나 있을까? 사람들은 그런 식으로는 생각하지 않는다. 하지만 이 말이 담고 있는 인생의 진리는 우리가 살아가는 삶의 모든 순간에 작동한다. 원인과 결과, 모든 작용에 대해 크기는 같고 방향은 반대인 반작용이 존재한다.

당신이 사는 마을이나 도시를 차로 지나가 보자. 주택과 사업장들을 본다. 그것들은 이 동네에서 살고 일하는 사람들을 비춘다. 사업가들을 가까이에서 보고 싶은가? 그들이 운영하는 사업체를 보라. 화장실을 확인하라. 그곳을 운영하는 사람을 보는 것이다. 그들이 자신을 보는 것보다 더 분명하게 볼 수 있을지도 모른다. 집들과 앞마당을 보면 그 집에 사는 사람을 볼 수 있다. 그들은 자신이 지역 사회를 위해 하는 일을 보여줌으로써 지역 사회가 그들을 위해 무엇을 해주는지 말하고 있다.

이제 당신의 집을 지나쳐가라. 차를 멈추면 더 좋다. 오랫동안 자세히 살펴보자. 당신의 집이 곧 당신과 당신의 가족이다. 사람은 변할 수 있고 우리가 변화함에 따라 우리의 세계도 새로운 변화를 비추며 변할 것이다.

시카고 대학의 총장이었던 로버트 M. 허친스Robert M. Hutchins 박사는 "늙은 개들에게 새로운 재주를 가르칠 수 없다."라는 말에 이렇게 대답했다. "인간은 개가 아니고 교육은 한낱 재주가 아니다."

사람은 변할 수 있고 실제로 변한다. 우리 회사의 서류함에는 우리가 제공한 정보 덕분에 인생이 바뀌었다고 말하는 사람들의 편지가 넘쳐난다. 우리는 30년 동안 그런 편지를 받아왔다. 허친스 박사가 옳았다. 사람은 개가 아니며 교육은 한낱 재주가 아니다.

다른 사람들은 당신과 내가 원하는 모든 것을 가지고 있다. 그들이 기꺼이 돈을 지불할 만한 무언가를 제공함으로써 먼저 그들에게 봉사한다면 당신이 원하는 것을 얻을 정당한 자격이 생긴다.

"그는 일평생 열심히 일했지만 재산을 일구지 못했다." 이런 말을 들어본 적 있는가? 나는 있다. 어릴 때 자주 들었다. '그'는 생계를 위해 하고 있던 일과 그것에 돈을 지불하는 사람들 사이에서 일종의 동등함을 달성했다. 그의 서비스는 제한적이었고 그래서 수입이 제한되었다. 분명히 그 자신은 만족했다. 그는 변화를 위해 아무것도 하지 않았다.

우리 가정부는 그녀의 남편이 아무리 열심히 일해도 경제적으로 남보다 앞서갈 수 없는 이유를 이해하지 못하겠다는 말을 했었다. 그의 직업은 자동차 정비사였다. 그는 하루에 8시간 동안 차 한 대를 고쳤다. 그런 일이 얼마나 가치가 있을까? 고객 한 명에게 얼마를 받을 수 있을까? 게다가 간접비용도 고려해야 한다. 사업을 하는 데 드는 비용 말이다. 이 기계공의 수중에 들어오는 돈을 생각해보면 그 말이 사실이었다. 그가 경제적으로 남보다 앞서가기란 대단히 어려울 수밖에 없었다. 하지만 그는 그 직업을 선택했다.

그가 자동차 정비사로 일하기 위해 하지 않기로 선택한 것들에 뭐가 있을지 생각해보라. 그는 학교를 그만두고 자기 사업을 시작하기 위한 계획을 세우지 않기로 선택했다(물론 사업체를 직접 운영한다고 꼭 경제적으로 성공하는 것은 아니지만). 그는 인생의 모든 단계에서 저항이 가장 적은 길을 선택했고 지금은 자동차 정비사로 일하려는 의지가 꽤 굳건하다.

기억하는가? 머빈도 엔진을 재조립하는 자동차 정비사였다. 하지만 그는 손을 깨끗하게 하고 피부에 좋은 제품을 찾기 위해 실험을 하기 시작했다. 우리 가정부의 남편과 머빈은 둘 다 뿌린 대로 거두고 있을 뿐이다. 한 명은 가난하고 다른 한 명은 백만장자다.

답을 찾아 책들을 파헤치던 어린 시절에 읽은 오래된 시가 기억난다. 그 시는 이렇게 시작했다.

"내 인생을 1페니에 흥정했더니
인생은 그 이상을 주지 않았다."

뒷부분은 기억나지 않지만 별로 중요하지 않다. 중요한 것은 삶이 우리가 원하는 대로 줄 것이라는 사실이다. 원하는 것이 있다면 그 목표를 위한 행동을 해야만 한다.

어떻게 하면 내가 제공하는 서비스를 몇 배로 늘릴 수 있을까? 어떻게 하면 내 자유 의지로 선택한 일을 통해 사람들에게 제공하는 서비스를 늘릴 수 있을까? 이것을 고민하는 것이 내 임무이고 책임이다.

하지만 이 사실도 기억해야 한다. 우리가 받는 보상은 평생 우리가 다른 사람들에게 제공하는 서비스와 정확히 비례할 것이다. 만약 내가 제공하는 서비스가 급격하게 제한되면 소득도 급격하게 줄어들 것이다. 서비스를 확장하고 몇 배로 늘리면 나의 수확도 몇 배로 늘어난다. 세상은 봉사-보상의 원리로 돌아간다.

개인에 따라 이 시스템을 따를 수도, 거스를 수도 있겠지만 원리만큼은 변하지 않는다. 이 시스템과 함께 움직이기 시작한다면 정말로 멋진 일이 일어날 것이다. 제한하는 쪽은 바로 자신이다. 이 시스템의 통제권은 우리에게 있다. 만약 봉사-보상 시스템이 막혔다면 자신이 막고 있는 것이다.

사람은 누구나 필요한 것과 원하는 것이 있다.

필요한 것은 소수지만 욕망은 무한하다. 사람들이 필요로 하거나 원하는 것을 주면 당신에게도 보상이 주어진다. 그들이 필요로 하거나 원하는 것을 주지 못하면 당신은 폐업해야 한다. 봉사-보상의 법칙은 그 누구에게도 예외 없이 적용된다.

✦ **인생의 진리 ②** ✦

··

사람은 뿌린 대로 거둔다.

✦ 3장 ✦

사명과 목표가
필요하다

Earl Nightingale

✦

큰 성공을 거둔 사람들은 두 종류로 나뉜다. 내가 '사명형 인간'이라고 부르는 사람과 '목표형 인간'이라고 부르는 사람이다.

사명형 인간은 특정한 능력을 가지고 태어나는 소수의 운 좋은 사람들이다. 그들은 어려서부터 자신이 할 일을 잘 알고 있다. 다른 일에는 관심이 없다. 그들은 가장 몰두할 수 있는 관심사를 추구하도록 태어났고 그 일에 자신을 던진다. 모차르트와 레오나르도 다빈치가 사명형 인간이었다. 오늘날에도 수많은 사명형 인간을 찾을 수 있다. 가장 뛰어난 음악가나 분야를 막론하고 예술에 종사하는 모든 사람들이다. 작가, 과학자, 국회의원에서도 사명형 인간을 볼 수 있다.

나는 이 주제를 다룰 때마다 플로리다 대학의 훌륭한 미세신경외과의 알 로튼Al Rhoton 박사가 떠오른다. 그는 티칭 센터Teaching Center의 책임자이고 사람들의 생명을 구하는 수술을 집도한다. 나는 그 센터에서 10명이 넘는 전 세계의 의사들이 동그랗게 둘러앉아 미세-신경외과 기술을 다듬기 위해 강력한 현미경을 들여다보면서 쥐의 뇌를 수술하는 것을 보았다.

그 미세한 작업을 위해서는 특별히 고안된 도구가 사용된다. 작고 섬세한 포셉, 육안으로 거의 보이지 않을 정도로 미세한 봉합선, 미니어처 스칼펠같은 것들이다. 그들은 거의 감지하기도 어려울 만큼 미세한 움직임으로 신경과 작은 혈관을 만진다.

아침 일찍부터 밤늦게까지 병원의 복도에서 닥터 로튼을 볼 수 있다. 어느 화창한 오후에 함께 산책하다가 나는 그에게 왜 뉴욕이나 베벌리힐스처럼 비싼 동네에서 개원하지 않느냐고 물었다. 몇 분 동안 잠자코 걷기만 하던 그가 말했다.

"얼, 내가 이 일에서 얻는 만족감은 지금 내가 이곳에서 하는 일 덕분에 매일 세상 어딘가에서 사람들이 더 나은 약과 더 나은 수술을 이용할 수 있다는 것에서 옵니다."

그에게는 일이 삶이고 삶이 일이다. 유감스럽게도 그의 가족은 그를 자주 볼 시간이 없었다. 사명형 인간들이 대개 그렇다.

헨리 로이스Henry Royce도 그런 사람이었다. 그의 관심사는 세계에서 가장 정교하고 조용한 자동차를 만드는 것이었다. 그가 우수한 자동차 디자인의 세계적인 표준이 되는 자동차를 만드는 작업을 처음 시작한 20세기 초반에만 해도 자동차 엔진은 마치 빈 깡통을 가득 넣고 돌리는 건조기 같은 소리가 났고 가끔 곁들여지는 총소리는 덤이었다.

로이스는 내연기관의 부품들을 정교하게 만들면 옆에 서 있어도 잘 들리지 않을 정도로 소음이 줄어들 수 있다고 생각했다. 그는 끝없는 행진에 가까울 정도로 자동차 공장을 계속 돌아다녔다. 식사 시간도 따로 내지 않을 정도여서 식사를 챙기기 위해 고용된 소년이 샌드위치와 우유 한 잔을 들고 그를 따라다녔다. 졸리면 공장에 마련된 간이침대에서 낮잠을 잤다. 그리고 일어나서 또 모든 것을 꼼꼼하게 둘러보았다.

어느 날 로이스는 엔지니어가 공장 근로자에게 "그만하면 충분해요."라고 말하는 것을 들었다. 그 말을 듣자마자 그는 격노해서 소리쳤다. "그만하면 충분하지 않습니다! 절대로 그만하면 충분하지 않아요. 우린 완벽을 추구합니다. 하지만 완벽은 불가능하니 절대로 그만하면 충분할 수가 없습니다. 더 낫게 만드는 방법을 찾으세요."

런던에 있는 롤스로이스 공장을 견학한 적이 있는데 눈에 잘 띄지도 않는 결함에 그렇게 엄청난 관심을 기울이고 있다는 사실에 깜짝 놀랐다. 그런 관심과 헌신이 있었기에 롤스 로이스가 2차 대전 때 스피트파이어Spitfire 전투기의 엔진 생산을 맡았을 때 영국에 큰 도움이 되었을 것이다. 그 후 영국 정부는 고마움의 의미로 현재 롤스 로이스 본사 입구에 있는 스테인드글라스 창문을 선물했다.

로이스의 지칠 줄 모르는 헌신은 사명형 인간의 전형적인 특징이다. 세상의 위대한 제품과 서비스는 보통 이런 사람들에게서 나온다.

헨리 포드도 도전을 받아들였다. 당시는 노동자 계급도 살 수 있는 자동차를 생산하는 것이 불가능하다고 생각되었던 때였다. 포드는 조립 라인을 발명한 것은 아니지만(컨베이어 벨트 조립 라인은 엘리 휘트니가 소총 제조를 위해 처음 고안했다) 그 시스템을 최초로 자동차 제조에 적용했다. 비용을 절감하면서도 고품질의 제품을 생산하는 방법을 찾은 그의 천재성은 전설적이었다.

그는 노동자들의 임금을 무려 하루에 5달러로 인상했다. 산업 혁명의 역사에서 전례가 없는 일이었다. 포드의 문제점은 혁신적인 아이디어가 떠오르면 오로지 그것에만 집중한다는 것이었다. 시간의 흐름이나 경제적 조건의 변화도 그의 사고방식을 바꿔놓을 수 없었다. 헨리 포드도 사명형 인간이었다.

내가 설명한 사명형 인간의 예시를 보며 분명 당신도 여러 사명형 인간이 떠올랐을 것이다. 어쩌면 당신 자신이 사명형 인간일 수도 있다.

요즘 시대는 예전처럼 사명을 찾는 일이 간단명료하지 않다. 선택지가 너무나 많고 가능성이 엄청나게 다양해져서 삶의 주요 관심사를 찾기가 어려울 수 있다. 그러나 자신에게 가장 잘 맞는 일을 찾지 못했다면 지금 하는 일에 좀처럼 해결되지 않는 불만을 느끼고 있을지 모른다.

자신에게 진실하다면 "이 일은 나를 위한 일이 아니야."라고 생각하고 시간 날 때마다 다른 분야를 탐구하기 시작할 것이다. 때로는 일 자체에 대한 진정한 관심이 아니라 급여 수준이 우리를 이끄는 선택의 기준으로 작용할 때가 많다. 정말로 나를 위한 일이 무엇이든 100퍼센트 헌신을 쏟아부을 수 있는 일이라면 그 일은 당신이 원하는 모든 것을 이루게 해줄 것이다.

오디오 출판 산업은 우리 회사가 설립되기 전까지는 존재하지 않았다. 우리는 긍정적인 오디오 프로그램 분야의 세계적인 선도자가 되었다. 나나 애플의 스티브 워즈니악과 스티브 잡스가 그랬던 것처럼 지금도 세상에는 새롭게 도전해볼 일들이 많다. 우리 회사는 내가 쓰고 녹음한 에세이 프로그램에서 출발했다. 당신이 도전할 수 있는 선구적인 일이 있을지도 모른다.

옛날 영화들은 케이블 텔레비전에서 계속 방송된다. 최근에 나는 미키 루니Mickey Rooney가 13~14세쯤에 찍은 영화를 보았다.

그는 그 전부터도 노련한 보드빌 배우이자 영화계의 베테랑이었다. 흔히 말하는 타고난 배우였다. 그는 모차르트가 음악에 그랬듯이, 에디슨이나 린드버그가 발명과 비행에 그랬듯이 쇼 비즈니스를 대했다.

오늘날 루니는 코미디, 비극, 뮤지컬을 모두 훌륭하게 연기하는 특출한 배우다. 어릴 때부터 쇼 비즈니스계에서 경이로운 인물이었으며, 성공에 대해 걱정할 필요가 없었다. 그에게는 크고 깊은 강과도 같은 관심사가 있었고 수백만 명을 즐겁게 해주었고 앞으로도 계속 그럴 것이다.

월트 디즈니도 사명형 인간의 좋은 예다. 냉동식품 회사 버즈아이와 초콜릿 회사 허쉬의 창업자들도 그렇고. 사명형 인간들은 세상에서 가장 운이 좋은 사람들일 것이다. 어느 별을 따라가야 하는지 처음부터 정확하게 알고 평생 따라간다.

우리는 다양한 범위의 선택지 속에서 일관적이고 독특한 관심사, 빛이 블랙홀으로 끌려가듯 우리를 끌어당기는 신호를 일찌감치 알아보아야 한다. 어릴 때 비 오는 날 방과 후에 가장 즐겁게 했던 일은 무엇인가?

매슬로 박사는 일과 사람의 합이 잘 맞으면 마치 열쇠와 자물쇠처럼 딱 맞아떨어지고 여러 음이 어우러져 울림을 주는 피아노

소리와도 같다고 말했다. 그는 이런 말도 했다.

> "나는 존재의 영역(B-영역)과 결핍의 영역(D-영역)을 구분하는 것이 (이 둘
> 은 영원과 현실의 사이이기도 하다) 매우 유용하다는 사실도 알게 되었다. 인
> 생을 충만하게 살아가고 삶에 끌려가지 않고 스스로 삶을 선택하는 전략
> 과 전술로 유용하다. 특히 젊은 사람들은 바쁜 일상생활 속에서 가장 기
> 본적인 것을 잊어버리기가 쉽다. 우리는 단순한 응답자로 살아갈 때가 많
> 다. 그저 자극과 보상, 처벌, 비상사태, 고통과 두려움, 타인의 요구, 피상
> 적인 것에 반응할 뿐이다. 본질적인 것과 가치에 관심을 돌리기 위해서는
> 적어도 처음에는 구체적이고 의식적인 노력이 필요하다. 신체적인 고독
> 을 추구하고 훌륭한 음악과 좋은 사람들, 자연의 아름다움 등을 음미하
> 라. 연습을 통해 이 전략들이 쉬워지고 자동적이 되면 B-영역에서 살아
> 갈 수 있게 된다."

나는 유전의 영향으로 개인마다 큰 관심사가 존재한다고 믿
는다. 중요한 발굴 작업을 하는 고생물학자처럼 인내심을 가지고
부지런하게 관심사를 탐구해야 한다. 거기에 위대한 잠재력이 숨
어있다. 그러면 타고난 능력과 완벽하게 일치하고 세상에 가장 크
게 이바지하고 완전한 기쁨을 누리며 살아갈 수 있게 해주는 관심
사를 분명 찾을 수 있을 것이다.

위대한 의사 윌리엄 오시어William Osier경도 사명형 인간이었다. 그의 말은 자신과 같은 사명형 인간들에게 하는 말이었다.

"애초에 오늘 할 일을 잘하는 것 이외의 야망은 전부 버려라. 오로지 즐거움만 존재하고 짜증의 그림자는 사라지는 것처럼 느끼게 해주는 일 속으로 들어가는 방법을 찾아라. 오늘의 일이 당신의 에너지를 흡수하고 당신의 가장 큰 야망을 충족하게 하라. 장기적인 성공은 인내와 끈기에 달려 있다. 열심히 일하고 기다리는 법을 배운 사람, 고요하고 조용한 세월 속에서 사심 없이 일하면서 재능을 발달시킨 사람에게는 모든 것이 찾아온다."

만약 "나는 사명형 인간은 아닐 거야."라고 생각한다면 자신을 한번 돌아보자. 자신의 삶, 꿈과 욕망, 공상, 비전을 찬찬히 돌아보고 일관적인 열쇠가 있는지 찾아본다. 직업이나 봉사의 형태로 하는 것 중에서 마음에 드는 일이 있는가? 자주 하는 공상이 있다면 내면의 목소리가 당신이 무엇을 해야 하는지 말해주려고 하는 것일 수 있다.

당신은 이미 원하는 분야에 몸담고 있지만 아직 그 진정한 가능성을 알아차리지 못했을 수도 있다. 연기 생활에 만족하지 못하는 배우는 감독의 일에서 사명을 찾고 영업 업무에 만족하지 못하는 사람들이 영업 관리에서 관심사를 발견하기도 한다. 모든 산업에는 수천 개까지는 아니더라도 수백 개의 가능성이 들어있다. 광고, 예술, 홍보, 구매 등 무수히 많다.

하지만 명심해야 할 것이 있다. 당신은 자신에게 맞는 일을 이미 여가 시간에 만지작거리고 있거나 책을 읽거나 메모들 끄적거리거나 시간 날 때 찾아가 보거나 했을 가능성이 크다. 일관적인 관심사를 찾아보자. 만약 그것을 찾는다면 당신은 자신의 사명을 찾은 것이다. 목수의 사명은 다른 모든 천직과 마찬가지로 만족스럽고 가능성으로 가득하다.

마음이 끌리는 일을 찾지 못하면 목표를 세워라

만약 특별한 관심이 향하는 일을 찾지 못했다면 당신은 목표형 인간이 되어야 한다. 세상에는 똑같은 능력과 관심과 즐거움으로 여러 가지 일을 해내는 것처럼 보이는 사람들이 있다. 예를 들어, 비즈니스에 따른 도전을 사랑하는 전문 경영인들이 있다. 그들은 위기에 놓인 기업을 인수해 겨우 몇 년 만에 업계를 선도하는 기업으로 끌어올린다. 그 회사의 제품이나 서비스가 그렇게 차별화되는 것 같지도 않은데 말이다.

리 아이아코카Lee Iacocca는 포드Ford Motor Company에서 오

랫동안 성공을 이어온 덕분에 '자동차맨'으로 불렸다. 그는 완전히 붕괴 위험에 놓인 크라이슬러Chrysler Corporation를 인수하는 업무를 맡아서 매우 능숙하고 훌륭하게 해냈다. 자칫 지금까지 쌓은 명성을 잃을 수도 있는 위험을 무릅썼다는 사실 자체가 그의 자신감을 말해주었다. 그 뒤로 펼쳐진 이야기는 그저 역사였다.

리 아이아코카는 자동차 대신 장난감, 복사기, 컴퓨터 등 다른 제조 업체를 인수할 수도 있었다. 그는 미국의 완벽한 기업 경영인이다. 도전과 그 도전이 가져다주는 성공, 성공에 따르는 모든 것(돈, 홍보, 심지어 대통령 선거에 출마할 기회까지)을 즐겼다. 아이아코카는 목표형 인간이다.

많은 사람이 이렇게 물을지 모른다. "왜 목표를 세우는가? 그냥 그때그때 상황에 따라 '주어진 그대로' 최선을 다하면 되지 않는가?" 하지만 비즈니스에서 '주어진 그대로'란 같은 자리에 계속 머무르고 기회가 우연히 발견될 때까지 기다리기만 한다는 뜻이다.

목표는 인간의 잠재의식에 그림을 그려준다. 인정하든 하지 않든 누구나 목표가 있다. 당신의 삶에서 일어나게 하고 싶은 일이 바로 목표다. 고급 백화점 명품 매장 쇼윈도에 걸린 옷, 스포츠카, 플로리다의 콘도, 고급 휴양지의 별장, 데이트하고 싶은 그 남자나 그 여자. 당신이 원하는 것, 욕망이 바로 목표다. 그러나 대부분의 사람들은 욕망에 충분히 집중하지 않거나 충분히 긍정적인 기대를 품는 경우가 드물다. 보통은 두루뭉술하게 "난 많은 것을 원해."라고 말할 것이다.

목표가 없다면 보트가 있지만 갈 데가 없는 것이나 마찬가지다. 목표는 원하는 것을 달성할 때까지 길에서 벗어나지 않도록 필요한 추진력과 에너지를 제공한다. 우리는 막 항구를 출발하는 배의 선장처럼 다음 기항지, 어쩌면 그다음 목적지까지도 확실하게 말할 수 있어야 한다.

배를 많이 타 본 사람이라면 처음에는 배가 매우 느리게 나아간다는 사실을 알고 있을 것이다. 점심을 먹으면서 시속 100~110킬로미터로 자동차를 몰거나 시속 1,000킬로미터로 하늘을 가로지르는 것이 흔한 시대에 배는 부두를 떠나 다른 항구를 향해 시속 40킬로미터의 속도로 달려가니 답답할 정도로 느리게만 느껴진다.

하지만 배는 하루 24시간 동안 쉬지 않고 정해진 코스를 벗어나지 않고 꾸준히 움직인다. 단 하나의 목적을 향한 수그러들 줄 모르는 꾸준함이 점점 쌓여서 놀라울 정도로 짧은 시간 안에 다음 기항지까지 데려다준다. 어느 날 저 멀리 해안이 보이고 어느새 항구에 도착해있다. 임무 완료다. 연료를 다시 채우고 예정대로 항구에 머무르면서 다음에 도달할 새로운 기항지를 결정해야 한다.

머리와 마음이 집중하는 목표가 있는 사람들은 항상 그 목표를 향해 움직인다. 잠자는 동안에도 깊은 무의식이 프로젝트에 몰두하고 있다. 낮에 계속 난관에 부딪힌 문제의 해결책이 아침에 일어났을 때 떠오르는 것도 그래서다. 우리는 아침에 일어나 커피를 마시며 식사를 할 때도, 샤워할 때도 목표에 대해 생각하고 하루 동안 몇 번이고 떠올린다. 우리는 항로에 놓여있다. 현재의 목표를 달성하기 위해 나아간다. 하루의 마지막에도 목표를 생각하며 잠자리에 든다. 목표는 우리의 조준점이다. 조준점이 있는 사람들은 기어이 그 지점에 도착할 가능성이 크다.

놀랍고도 흥미로운 일이지만 목표가 있는 사람은 목표가 없는 사람보다 더 오래 사는 경향이 있다. 마치 할 일이 있어서 삶이 연장되는 것처럼 보인다. 분명 관심사가 그들의 삶에 활력과 에너지를 줄 것이다.

오래되었지만 관리가 잘 된 배들은 여전히 세계의 바다를 안전하게 항해할 수 있다. 그 배들은 수천 개의 기항지를 성공적으로 방문했다. 바다에서 폭풍우도 만났고 때때로 이런저런 고장으로 한동안 항구에 정박해 있느라 일정이 지연되기도 했다. 하지만 이 배들의 일생은 차례차례 이루어낸 성공의 연속이었다. 그것이 목표 지향적인 사람들이 살아가는 방식이다.

한 번 성공할 때마다 경험이 쌓여서 다음 목표를 세울 준비가 더 잘 갖추어진다. 그들의 목표는 계단처럼 위로 올라간다. 다음 목표는 이전 목표보다 조금 더 까다로우며 그만큼 성취감도 커진다. 몇 년 후 그들은 의미 있는 삶의 여정을 처음 시작했을 때는 절대로 불가능했을 목표를 놀라우리만치 쉽게 해내고 있는 자신을 발견한다.

세르반테스는 "여정은 여인숙보다 낫다."라고 했다. 먼 길을 걸어와 여인숙에서 쉬는 것도 좋고 긴 항해 후 배를 묶어놓고 며칠간 휴식을 취하는 것도 좋다. 하지만 세르반테스의 말이 확실히 옳다. 여정이 여인숙보다 낫다. 여정은 삶과 경험이다. 새로운 관심사와 놀라운 동시성을 만나게 해준다. 자신이 어디로 가는지 알고 그곳에 도착하기 위해 노력하면 삶에 놀라운 우연이 생기기 시작한다.

빅토르 위고Victor Hugo의 책에서처럼 너무도 자연스러운 우연이다. 쩔쩔매고 있을 때 답을 가진 사람이 갑자기 나타나거나 누군가 보내준 책에 그토록 찾아 헤맨 답이 들어있을 때도 있다. 어디로 가는지 알고 그 여정에 바쁘게 참여할 때, 마치 세상의 모든 힘이 우리를 돕는 것처럼 보인다. 눈에 보이는 도움뿐만 아니라 눈에 보이지 않는 도움까지 우리 앞에 나타난다.

우리가 가려는 여정이 순탄하리라는 말은 아니다. '회원 전용'이라는 안내문이 붙은 특권층을 위한 클럽 같은 굳게 닫힌 문이 당신을 가로막기도 할 것이다. 마치 아무도 들어오지 못하게 하려고 존재하는 문처럼 보인다. 수없이 거절당해도 인내와 불굴의 의지로 계속 도전하는 것만이 답이다. 자신에게 중요한 목표에 온 마음을 집중할 때 불굴의 인내가 가능하다.

당신은 책에서 우연의 일치(목표 지향적인 사람들에게는 삶의 일부일 때가 많다)가 나오는 순간 내려놓을지도 모른다. 지켜보는 사람에게도 당사자에게도 놀라운 일이지만 동시성은 목표를 추구하는 사람의 삶에서 활성화된다. 내가 우연이 아니라 동시성이라는 말을 사용하는 이유는 그것이 단순한 우연의 일치가 아니라고 믿기 때문이다. 그것은 맞물림이다. 목표의 성공적인 달성에 필요한 부품들의 결합이다. 동시성은 때때로 우리가 이해할 수 있는 수준을 벗어나고 우리를 우회로로 안내한다. 작은 사건 또는 중대한 차질로 보였던 것이 올바른 길로 돌아가기 위해 꼭 필요한 일이었던 것임을 알게 된다.

에머슨은 말했다. "자신을 믿어라! 모든 마음이 그 쇠줄에 맞춰 진동한다." 우리는 우연한 사건에 주의를 기울이고 받아들이고 목표로 나아가는 여정의 일부임을 깨닫는 법을 배워야 한다. 여정이 여인숙보다 나은 또 다른 이유다. 동시성은 억지로 만드는 것이 불가능하다.

도교에서 가르치듯 우리는 강을 밀지 말아야 한다. 길에서 벗어나지 말되 흐름을 따라라. 강요하지 않고 조바심 내지 않으면 올바른 시간에 올바른 일이 일어날 것이다. 그리고 어느 멋진 날 목표가 이루어진다. 저 멀리 보이는 항구의 해안선으로 배가 다가가고 있다. 목적지에 도착했다! 난간에 서서 이른 아침의 눈 부신 햇살을 가린 채 분주한 항구의 냄새를 맡고 소리를 듣는다고 생각해보라. 머지않아 배가 부두에 정박하고 여정이 성공적으로 마무리 지어진다. 이제 휴식을 취하고 성취감을 음미하고 잠시 쉬어갈 시간이다.

나는 골프를 좋아한다. 훌륭한 선수들이 공을 다루고 치는 모습을 보는 것이 좋았다. 최근에는 모르겠지만 잭 니클라우스Jack Nicklaus는 쉬지 않고 기록을 갈아치우던 시절에 그 누구보다 흥미로운 스타일을 보여주었다. 그는 공 앞에서 자세를 취하고 공이 착지하기를 원하는 페어웨이나 그린의 지점을 바라본다. 그다음에는 공 앞의 약 2~3미터 지점을 본 다음에 공을 보고 다시 2~3미터 떨어진 지점을 본 후에 멀리 떨어진 페어웨이나 그린의 그 지점을 다시 본다. 그에게는 공을 도달했으면 하는 중간 지점이 항상 있는 듯했다. 하나는 꽤 가까운 곳, 다른 하나는 최종적으로 공이 착지하기를 원하는 곳. 그는 비로소 준비되었을 때 전설적인 스윙을 한다. 그 순간 갤러리는 놀라서 숨이 턱 막히고 흥분의 함성을 내지른다.

실제로 우리가 목표를 향해 나아가는 길에서는 중간 조준점을 찾는 것이 매우 중요하다. 궁극적인 착륙 지점이 어디인지는 알고 있다. 이미 정했으니까. 하지만 어디에서부터 시작해야 할까? 그래서 중간 목표가 중요하다. 사람들은 중간 목표에 충분한 관심을 쏟지 않는 경우가 많지만 프로젝트의 완료에 필수적이다.

피아노 실력으로 친구들을 놀라게 하고 싶지만 그만한 실력을 키우는 데 필요한 시간을 들이고 싶지 않은 사람들이 있다. 그들은 평생 지름길만 찾으려고 할 것이다. 그들은 훌륭한 공상가지만 대단히 중요한 중간 목표를 너무 어렵거나 지루하거나 시간 낭비라고 여긴다.

수많은 비만인이 정상 몸무게로 만들어주는 12일간의 마법 같은 기적을 찾고 싶어 한다. 그들은 일 년 동안 2주일에 1킬로그램씩 줄여주는 식단법이나 건강해지는 습관을 따르면서 평생 체중을 관리하는 새로운 라이프스타일을 추구하라는 제안은 거절한다. 식습관을 바꾸고 싶어 하지 않는다. 그저 몸무게와 외모를 바꾸고 싶을 뿐이다. 그래서 계속 비만일 수밖에 없다.

작가가 되고 싶은가? 시간을 들여 영어를 공부하면 어떨까? 좋은 책을 읽으면 어떨까? 작가가 되기 위한 진짜 준비에 몇 년을 투자해보라는 뜻이다!

부동산으로 부자가 되고 싶은가? 먼저 그 분야의 일부터 배워라. 목표형 인간으로 성공하는 첫 단계는 헌신이다. 목표 달성에 100퍼센트 헌신하는 사람은 무엇이 되었든 필요한 중간 단계를 기꺼이 따르고자 한다. 그들에게는 물러날 길이 없다. 상황이 조금 힘들어졌다고 살그머니 뒤돌아가지 않는다. 100퍼센트 헌신을 쏟아붓기 때문이다.

헌신한다면 목표는 이미 달성한 것과 같고 목적지로 나아가는 길에서 멋지고 재미있는 경험을 많이 할 것이다. 목표 자체가 실망스러운 결과로 이어져서 즉각 새로운 목표 설정이 필요할 수도 있다. 목표에 헌신하는 사람들의 주변에서는 그들이 반드시 목표를 이루리라는 것을 잘 안다. 그래서 주변 사람들이 조용하고 긍정적인 파트너로 나서서 중간에 도움이 되는 사건에 시동을 걸어준다.

어려운 목표를 이루어야 할 때

어렵고 장기적인 목표를 이루기 위해 노력할 때 우리는 그런 목표가 잘 어울리는 사람으로 성장한다. 무언가를 할 수 있으려면 그에 걸맞은 사람이 되어야만 하기 때문이다. 우리가 목표에 어울리는 사람, 목표와 관련된 사회적 상황에 어울리는 사람으로 성장하고 탁월한 성취에 도달하는 사람으로 성장한다는 것은 정말이지 경이로운 일이다. 정말로 우리는 생각하는 대로 된다.

핵심은 스스로 생각해야 한다는 것이다. 우리의 마음속에는 각자의 타고난 능력과 연결된 주인이 있다. 매일 오후 우리 집 발코니를 지나가는 펠리컨이 뒤로 날지 못하는 것만큼 나는 리 아이아코카의 일을 그보다 잘할 수도 없다. 그와 내가 똑같은 목표를 세우지 않기 때문이다.

당신이 내 목표를 세울 수 없듯이 나도 당신의 목표를 세울 수 없다. 자신의 목표를 세울 수 있는 사람은 세상에 오직 나뿐이다. 물론 가끔 다른 사람들이 영감을 주고 힘을 북돋워 주고 목표를 향해 더 잘 나아갈 수 있게 도와주기는 한다. 그들의 격려는 좋은 리더나 코치 또는 매니저의 역할을 한다. 영감을 주는 헌신적인 리더의 존재는 수천 명의 남녀를 고용하는 대기업의 성과를 크게 올려줄 수 있다. 어떤 조직의 성공과 실패는 리더의 그림자와 같다는 말도 있지 않은가.

내가 말하고자 하는 요점은 사람마다 기본적이고 고유한 유전적 차이가 있다는 것이다. 제2차 세계대전에서 비상한 두뇌 덕분에 놀라운 전략을 성공시킨 해병대 상병이 있었다. 그는 모든 시험에서 같은 부대의 모두를, 어쩌면 해병대 전체를 간단히 앞질렀다. 그의 어머니와 아버지는 명문대 교수였다. 그의 집안은 대대로 IQ가 높았다. 덕분에 그도 대다수보다 뛰어난 사고 능력을 갖추었고 보통 사람들은 그 어떤 상황에서도 절대로 불가능한 수학 문제를 암산으로 풀 수 있었다. 한 마디로 그는 16기통의 뇌를 물려받았다.

인류에게는 이렇게 특별한 과제를 수행할 수 있는 인재들이 필요하다. 그리고 세상에는 8기통, 6기통, 4기통의 뇌를 가진 사람들 역시 필요하다. 가장 흥미로운 점은 타인이 설정해주는 것이 아니라 스스로 설정한 목표는 우리의 욕구를 완벽하게 충족시켜 준다는 것이다. 목표는 우리에게 큰 만족감을 준다.

누군가에게 완전한 성공과 완전한 만족을 상징하는 집과 동네는 다른 사람에게 완전한 실패를 의미할 수도 있다. 그들에게 그런 집과 동네는 그저 기쁨과 놀라움의 탄성을 한번 내뱉으며 지나치는 정도의 만족감만 줄 뿐이다.

앞에서 일관적으로 자주 떠올리는 공상이 있는지 생각해봐야 한다고 강조한 이유도 그 때문이다. 그것이 현재의 조준점이 될 수도 있다. 폐가 흡연자들에게 자신을 그만 파괴하라고 애원하는 유일한 방법이 기침인 것처럼 공상이나 습관적인 비전은 사람마다 고유한 유전적 조합이 만들어지는 방식일 수 있다. 그 꿈과 비전은 우리에게 어떤 길로 가야 하는지 말해준다. 혹은 내면의 목소리가 투영된 것일 수 있다. 내면의 목소리는 우리의 본질적인 능력에 대한 믿을 수 있는 판단에서 비롯된다.

자신만의 고유한 잠재력을 발휘하기 위해 제쳐 두어야 할 것이 있는데 바로 순응이다. 사람은 누구나 세상에서 따라야 한다고 말하는 수백 가지에 순응하며 살아간다. 자신만의 방식을 추구하면서 살아간다고 생각하는 자유롭고 독립적인 영혼들조차도 그들이 어떤 식으로 세상에 순응하는지 일일이 나열해서 보여준다면 깜짝 놀랄 것이다. 하지만 절대로 순응해서는 안 되는 것들이 있다는 사실을 알아야 한다. 우리가 의식하지 않으면 아무런 의문도 제기하지 않은 채 타인의 기준에 순응하려는 경향이 있다는 사실도 알아차려야 한다.

우리는 다수가 따르는 방식이라면 옳다는 뜻이므로 그대로 따라야 한다고 생각하는 경향이 있다. 분명히 어린 시절에 처음 생겨나 계속 굳어진 생각이다. 이런 경향이 약간 다르게 표현될 수도 있지만 분명 무슨 뜻인지 알 것이다. 내가 어렸을 때는 대중적인 것이 가장 좋은 것이라는 믿음이 있었다. 플로쉐임Florsheim 신발이 최고로 여겨졌고 하트Hart, 샤프너Shaffner, 마르크스Marx 양복도 마찬가지였다.

당시 나는 그 제품들을 하나도 가지고 있지 않았다. 또 나의 아버지나 비슷한 상황에 놓인 수십만 명이 폰티악Pontiac 자동차가 최고의 차라고 생각했다. 하지만 그전에 최고의 차는 뷰익Buick

이었고 그전에는 레오 플라잉 클라우드Reo Flying Cloud였다. 유행하는 인기 브랜드가 있었고 유행에 따르지 않는 이들은 '주류'(나중에는 '힙스터')가 아니었다. 유행하는 브랜드 라벨을 드러내는 것은 무슨 옷을 입고 무슨 차를 운전해야 하는지 잘 아는 사람이라는 뜻이었다.

하지만 사실은 틀렸다. 요란하게 광고하는 대중적인 브랜드들은 물론 그럭저럭 괜찮고 대다수에게 잘 맞았지만 돈으로 살 수 있는 최고의 물건은 아니었다. 사실 최고의 제품을 대다수가 소비하는 일은 드물다. 대다수는 최고의 스카치나 버번을 마시지 않는다. 최고의 옷이나 신발을 사거나 최고의 차를 운전하지 않는다. 최고는 절대로 대중적이지 않다.

이 이야기를 하는 이유는 우리가 하는 모든 일에 의문을 제기하는 것이 중요하다는 사실을 강조하기 위함이다. 당신은 어떤 일을 단순히 '남들이 다 하니까' 하는가? 아니면 나 자신과 의미를 찾는 여정에 가장 잘 맞는다는 결론에 이르렀기 때문인가?

청소년에게 소속감의 욕구는 그 무엇보다 중요하다. 그들에게 집단은 세상의 전부와 같으며 집단의 일원이 되는 것만으로 충분하다. 어느 정도인가 하면, 기꺼이 자신의 고유한 개성을 전부 잃고 집단의 구성원임을 뜻하는 과시적인 요소와 언어, 습관을 따른다. "신이시여, 그냥 거기에 속하게만 해주세요!"라고 속으로 기도한다. 나쁜 일은 아니다.

청소년기는 처음으로 가족을 벗어나 확립되는 정체성인 만큼 중요하다. 그 집단이 부모의 기대와 동떨어질수록 더 좋다. 그들에게는 부모가 격노하거나 최소한 놀라게 만드는 행동이 중요하다. 당연히 그것은 행동이다. 봄방학을 맞이해 플로리다의 포트 로더데일Fort Lauderdale 해안가로 우르르 몰려가는 수천 명의 대학생도 가족과 어린 시절의 예의 바른 일상과의 연결고리를 타파하는 행동을 표현하고 있다. 다른 집단에 합류함으로써 가족으로부터, 인간 행동의 모든 규칙으로부터 자유로워진다는 것을 표현한다.

그들은 예전처럼, 아니 오히려 더 얼굴 없는 개인이고 하얀 얼굴의 헤리포드 소 떼처럼 서로 얼굴이 구분되지 않는다. 이 통과의례는 그들에게 아주 중요하다. 하지만 그 후에 그들은 세상에서 가자의 길을 찾아야만 한다.

그러나 내가 보기에 그런 사람은 소수에 불과하다. 그들은 그저 한 집단을 떠나 다른 집단에 소속된다. 머지않아 유치하고 원시적인 행동(서랍장에 용변을 보거나 타인의 물건을 파손하는 행위 등)은 그만두겠지만 분명 여전히 어떤 집단에 속한 채로 구성원들과 똑같이 행동할 가능성이 크다.

군대 막사처럼 집들이 매력과 창의성이라고는 전혀 없고 다똑같이 생긴 주택단지나 아파트 단지에 살고 평생 동류 집단으로부터 신호를 받으며 살아갈 것이다. 사회학자 데이비드 리스먼 David Riesman은 이것을 '내부지향적' 행동과 정반대인 '타인지향적' 행동이라고 칭했다. 우리는 내부지향적인 인간으로 살아가기 전까지는 타인을 따라 하면서 살아간다. 타인은 또 우리를 따른다. 저 위 어딘가에 리더가 있다기보다는 거대한 원 속에서 모두가 서로를 따르며 살아가는 것 같다.

다음의 법칙을 따른다면 큰 도움이 될 것이다. 물론 이 법칙에는 예외가 있을 수도 있지만 아직 본 적은 없다.

어떤 상황에서든 대다수와 정반대로 한다면 당신은 살아가는 동안 두 번 다시 실수하지 않을 것이다.

이 법칙을 교육, 자동차 운전, 취업 등에 적용할 수 있다. 평생의 동반자가 되어줄 남성이나 여성을 찾을 때까지 기다리는 동안에도. 우리는 살아가면서 많은 실수를 할 것이다. 하지만 자신의 고유한 길을 막는 것이야말로 최악의 실수다. 자신의 진실을 무시하고 원칙이 아닌 편의성에 따라 남들과 똑같이 하면 안 된다.

골프에서 그런 식으로 스윙하면 망가진 샷이 나온다. 최악은 아니더라도 좌절과 실망감을 가져다줄 것이다. 운전을 그런 식으로 하면 자신이나 다른 누군가의 목숨을 앗아갈 것이다. 인생의 하루하루를 그런 식으로 산다면…… 말해서 무엇하겠는가.

진정하고 긴장을 풀고 미소를 짓자. 당신의 공이 페어웨이나 그린의 어느 지점으로 떨어지기를 바라는지 결정하라. 그리고 준비되었을 때 스윙해라.

사명형 인간이든 목표형 인간이든, 둘이 섞인 유형이든 하나를 선택해야 한다. 로버트 슐러Robert Schuller 목사도 말했다. "오늘 하나님의 말씀은 이미 내 안에 있는 선물을 찾으라는 것입니다."

✦ **인생의 진리 ③** ✦
....
자신이 사명형 인간인지, 목표형 인간인지
파악하고 이에 헌신해야 한다.

4장

생각이
미래를
결정한다

"인간의 위대함은 생각하는 능력이다."

- 블레즈 파스칼(Blaise Pascal, 1623-62), 수학자이자 철학자

"사람들은 생각을 지구상의 그 어떤 것보다 두려워한다. …

생각은 체제 전복적이고 혁명적이고 파괴적이고 끔찍하다. 생각은 특권과 기존의 제도와 익숙해진 습관에 무자비하다. 생각은 지옥의 구렁텅이를 들여다보고도 두려워하지 않는다. 생각은 위대하고 빠르며 자유롭고 세상의 빛이며 인간의 가장 큰 영광이다."

- 버트런드 러셀Bertrand Russell, 수학자이자 철학자, 노벨상 수상자

위의 말은 전부 사실이다. 생각 하나가 나에게 그랬던 것처럼 당신의 삶에도 혁명을 일으킬 수 있다. 생각은 당신을 부자로

잘살게 해줄 수도 있고 평생 감옥에서 썩게 할 수도 있다. 생각은 끔찍하고 달콤하고 아름답다. 하는 사람에 따라 달라진다. 생각은 세상에서 가장 위대하다. 미국이라는 국가는 실행에 옮겨지기 전까지 그저 하나의 생각에 불과했다. 세상 모든 것은 현실이 되기 전까지는 생각이었다. 우리의 삶은 우리의 생각이 가져온 결과다.

나라는 사람은 지금까지 살면서 한 생각의 총합이다. 모든 사람이 그렇다. 사람은 생각하는 대로만 될 수 있다. 우리는 평생 자신의 것이든 타인의 것이든 생각을 실행하면서 시간을 보낸다. 아이디어는 생각이고 생각은 모든 것이다.

당신이 습관적으로 하는 생각이야말로 당신이라는 사람의 가장 중요한 부분이다. 그것은 삶의 모든 것을 결정한다. 당신의 수입, 집, 옷, 교육, 언어, 배우자, 아이들 등. 다른 사람들이 한 생각의 결과로 당신에게 일어나는 사건을 제외한 모든 것이 그렇다. 어떤 사람이 징집을 통해 군대에 복무하게 된 것은 그의 생각에서 나온 결정과 거리가 멀다. 하지만 그가 징집되었다는 사실은 의사 결정권을 가진 사람들이 도달한 생각의 결과다.

하나의 생각이 당신을 부자로 만들어줄 수 있다. 만약 일요일 오후나 아침 시간을 생각에 투자한다면 얼마나 많은 아이디어를 떠올릴 수 있을까? 아이디어를 떠올리기 시작하는 순간, 평균의 법칙이 당신에게 유리한 쪽으로 바뀌기 시작한다. 6개월 동안 하루에 한 시간씩 나의 잠재력과 내가 다룰 수 있는 사람들의 필요와 욕망을 탐구하는 데 전념한다고 해보자. 6개월 동안 하루에 5개의 아이디어를 떠올릴 수 있겠는가?

내가 세상을 떠난 동업자 로이드 코난트와 함께 생산한 제품은 2천 5백만 달러가 넘는 매출을 올렸다. 우리가 그 제품의 아이디어를 완성하기까지 약 한 달이 걸렸다. 제품은 아이디어가 전부다.

일본에는 병아리의 성별을 99퍼센트의 정확도로 감별하는 사람들이 있다. 그들은 표면적으로 거의 구분하기 어려운 병아리의 성별을 정확하게 구분한다. 그 어떤 과학적인 시스템으로도 그렇게 놀라운 수준의 정확도는 불가능할 것이다. 병아리 감별사들은 직감적으로 암컷과 수컷을 구분한다. 물리적 증거는 필요하지 않다. 병아리 감별사 훈련은 그저 경험이 풍부한 사람들이 일하는 모습을 어깨 너머로 지켜보는 식으로 이루어진다. 베테랑 감별사들 역시 구분 방법을 말로 설명하지 못한다.

직관의 놀라운 힘을 말해주고 싶어서 이 이야기를 꺼냈다. 직관을 지성과 함께 방향을 인도해주는 등대로 활용하는 것이야말로 멋진 아이디어를 떠올리는 최고의 방법이다. 항상 펜과 종이를 가지고 다니는 습관을 기르자. 대개 아이디어는 예상치 못했을 때 떠오른다. 샤워할 때, 운전할 때, 식사할 때(특히 아침과 점심시간에 주의를 기울이자), 산책할 때. 마음이 내가 '중립 상태'라고 부르는 상태에 놓여있어야 아이디어가 콸콸 샘솟고 모습을 드러낸다.

생각한다고 항상 최선의 아이디어를 얻는 것은 아니다. 하지만 고민 중인 문제를 마음속 깊이 심어두면 다른 일을 하는 동안에도 무의식적으로 그 문제에 대한 생각이 이루어지는 듯하다. 무의식 상태에서 가능성 있는 대답이 발견되면 우리가 한가해질 때까지 기다렸다가 의식으로 떠올라 살펴보도록 해준다. 언제든 아이디어가 떠오른 순간 곧바로 메모해두어야만 제대로 평가해볼 수 있다.

직관에는 우리의 심오한 기억을 파헤쳐 철학자 피에르 테야르 드 샤르댕Pierre Teilhard de Chardin이 누스피어noosphere라고 부른 영역을 다루는 힘이 있다. 누스피어는 지구의 맨틀처럼 인간의 지성을 덮은 보이지 않는 정신 영역, 사유층을 말한다. 그 영역의 자동 원리는 미스터리에 둘러싸여 있다. 하지만 누구나 살면서 그 영역이 작동하고 있음을 경험한 적이 있을 것이다.

먼저 의식적으로 해결책을 이리저리 고민해보면서 그 문제를 무의식 깊은 곳에 심어두면 결국은 전혀 예상하지 못했는 데도 의식 속에서 답이 떠오르게 되어있다. "그게 그거야! 당연히 그게 답이지!"라고 외치게 된다. 하지만 의식 속에서 문제를 이리저리 회전시켰을 때는 전혀 당연하지 않았던 답이다. 배에서 망보는 사람이 어둠 속에서 빛을 찾고자 하는 것처럼 이런 순간은 그 순간이 일어나기를 바라고 기대하는 사람들에게는 더 자주 일어나는 듯하다.

이 아이디어를 처음 실험해보는 사람이라면 크게 매료되고 엄청난 보람을 느낄 것이다. 우리는 병아리의 성별을 직감적으로 구분하는 일본의 병아리 감별사들처럼 옳고 그른 것을 직관적으로 알 때가 있다. 보통은 여성이 남성보다 직관이 더 뛰어난 경향이 있다. 여성들은 직관과 더 가까이에서 살아가는 것처럼 보인다. 어쩌면 타고난 신체 조건상 여성이 남성보다 체력이 부족해서 직관이 더 발달할 수밖에 없었는지도 모른다.

최근에 열 살짜리 손자를 데리고 점심을 먹으러 갔다. 식사를 마치고 차로 걸어가다가 곡괭이와 삽을 들고 일하는 젊은이들을 보았다. 주유소에서 무슨 철거 작업을 하는 듯했다. 그들은 상의를 벗은 채로 빽빽한 먼지구름에 둘러싸인 채 무거운 잭해머와 곡괭이를 휘두르고 부서진 콘크리트 조각을 삽으로 퍼냈다. 나는 멈춰서서 젊은 일꾼들을 가리키며 손주 대니에게 나중에 자라서 저런 일을 하고 싶은지 물어보았다.

대니는 그들을 잠깐 지켜보다가 고개를 저었다. 나는 차 안에서 대니에게 설명했다. 남자든 여자든 순수 육체노동은 우리가 가진 가장 큰 자원을 활용하지 않는 것이라고. 반면에 생각하는 사람은 가장 큰 자원을 활용하는 것이라고 말이다. 우리는 더 낫게, 더 이롭게 생각할 수 있고 아이디어를 활용하면 육체노동보다 더 많은 사람에게 서비스를 제공할 수 있다. 건강에도 더 좋다. 테니스, 골프, 항해, 낚시, 수영, 캠핑, 하이킹, 등산, 달리기, 운동 등 좀 더 기분 좋은 일에 신체를 사용하는 기쁨을 누릴 수 있다.

"저는 고고학자나 천문학자가 되고 싶어요." 대니가 말했다. 정말로 그 진로 중 하나를 선택하게 될는지 아직 모르지만 대니는 대학 입학을 당연하게 여기고 있다. 지식이 많을수록 생각을 더 잘할 수 있다. 물론 대학이 꼭 필요한 것은 아니지만 진지하게 공부하려는 학생에게는 확실히 큰 도움이 된다.

예일 대학교의 총장을 지낸 윌리엄 라이언 펠프스William Lyon Phelps는 이런 말을 자주 했다.

"가장 흥미로운 사람은 마음속에 가장 흥미로운 그림을 그리는 사람이다."

삶의 방향을 이끌어주는 생각들이 바로 우리 마음속의 '그림'이다. 마음은 우리의 미술 갤러리와도 같다. 흥미롭게도 40대 이후의 얼굴은 그 갤러리를 비춰주곤 한다. 40대 이후는 자신의 얼굴에 책임을 져야 하는 나이라는 말이 있다. 마음속에 든 것이 얼굴에 그대로 나타나는 것은 어쩌면 당연하다. 중년과 노년의 잘생

기거나 아름다운 얼굴은 내면이 좌우한다. 안타깝게도 그 나이대에 아름답지 못한 사람들이 많다. 그때까지 살아오면서 활기와 행복, 희망에 찬 기대로 가득한 아이디어의 갤러리를 꾸리는 데 실패한 탓이다.

다시 한번 말하지만 살면서 좋은 생각의 중요성을 깨닫는 사람은 소수에 불과하다. 그야말로 생각은 모든 것이다. 외모가 아무리 아름다워도 내면에 좋은 생각이 없으면 그 공허가 분명하게 드러날 수밖에 없다.

나는 자면서
삶은 기쁨이라는 꿈을 꾸었네,
나는 깨어나서
삶이 의무라는 것을 알았지.
나는 행동했고, 보라!
의무는 즐거움이었다네.

나에게 커다란 평화와 만족감을 느끼게 해주는 생각이 있다. 인도 시인 라빈드라나드 타고르가 이 시를 썼을 때 그는 큰 의미가 있는 생각에 노출된 것이었다. 인생의 위대한 보물 중 하나인 기쁨은 우리가 봉사하기로 선택한 사람들에게 우리의 의무를 행할 때 나온다는 것.

우리는 자유롭게 사회에서 일을 선택한다. 독립적인 성인은 무슨 일을 할지 강요받지 않는다. 스스로 선택한 일에 최선을 다한다면 기쁨을 느낄 수밖에 없을 것이다. 만약 그렇지 않다면 뭔가 잘못되었다는 뜻이다. 어쩌면 그 일이 자신과 맞지 않을지도 모른다. 그 일에 대해 제대로 알지 못했을 수도 있다. 필요한 준비를 제대로 갖추었는가? 일에서 기회를 발견하지 못한다면 비전이 문제일 수도 있다. 깊이 있게 또는 창의적으로 보고 있지 않아서 그 일을 통해 표현되는 기회가 전부 보이지 않는 것인지도 모른다.

당신은 이미 충분히 알고 있다고 생각하는 대다수에 속하는가? 아니면 잠자는 동안 새로운 정보가 나타난다고 믿는가, 아니면 지금 아는 것만으로 평생 써먹기 충분하다고 생각하는가? 혹시나 적은 재료로 최대의 서비스를 기대하고 있지는 않은가?

많은 사람에게 졸업장이나 대학 학위는 백신과 같다. 실제로 이것은 교육의 '백신 접종 이론'이라고 불린다. 일단 졸업장이나 학위를 따면 공부가 끝이라고 생각하는 것이다. 어느 대학 총장은 졸업식에서 졸업생끼리 나누는 이야기를 들었다. "하느님, 감사합니다. 드디어 끝났다! 앞으로 죽을 때까지 절대로 책을 펴지 않을 거야!" 이것은 그가 살면서 들어본 가장 슬픈 말이었다. 어쨌든 그 청년은 교육의 중요성을 이해하지 못한 것이었다.

졸업식 또는 학위 수여식을 뜻하는 commencement라는 단어의 다른 뜻도 알지 못했으리라. 교육은 평생의 과정이고 우리가 세상을 떠날 때 비로소 끝난다. commencement에는 졸업식 말고 시작이라는 뜻도 있다. 졸업은 끝이 아니다. 물론 독립도 시작도 맞지만 우리가 어떤 사람이 될지를 결정해주는 우리 마음속의 그림을 결정하는 교육을 더욱더 풍요롭게 쌓아가는 시작이기도 하다.

아이디어는 우리를 움직여서 지금보다 더 낫고 더 위대하게 만들어주는 생각으로 인생의 폭풍우가 닥쳤을 때 우리를 흔들림 없이 받쳐주는 튼튼한 닻과도 같다. 생각의 닻은 편의나 유행, 선동으로 길에서 벗어나거나 위협을 느끼지 않도록 해준다. 훌륭한 아이디어는 정직하거나 진실하지 못한 사람을 구분하고 일확천금을 약속하는 조잡한 싸구려 기회를 알아차리는 센서를 제공한다. 유머 감각을 방해하지 않고 평생의 안전 시스템을 제공해준다. 아이디어가 유머 감각을 매우 풍성하게 해주므로 미소와 웃음이 일상의 중요한 부분으로 자리 잡는다. 살면서 결코 실수를 피할 수는 없지만 실수가 성장과 미지의 세계로 떠나는 모험에서 자연스러운 부분이라는 것을 이해하게 된다.

아이디어와 목표를 일치시키는 법

목표를 달성하려면 아이디어와 목표가 일치해야만 한다.

그렇다면 아이디어란 무엇인가? 흔히 "아이디어가 떠올랐어!"라고 말할 때 그것은 과연 무슨 뜻인가? 단순한 신경 화학적-전기적 반응은 아니다. 아이디어는 조금씩 늘어나는 기존의 정보를 한데 모아서 새로운 결과를 제공해준다. "해변에 가자!" 우리는 이 말을 듣자마자 해변에 관한 '기존 정보'에 교통편, 적절한 옷차림, 소풍용 점심 도시락을 더하고 그 결과로 나온 '아이디어'를 순간의 정보들에 합친다. 머릿속에서 온갖 다양한 상호 연결이 일어나지만 이 모든 과정은 동시에 발생한다.

일반적인 정보가 많을수록 활용할 수 있는 조합이 많아져서 로버트 슐러 박사가 말하는 '가능성 사고possibility thinking'에 이를 수 있다. 학생들이 "어차피 어른이 되어서는 쓸 일도 없을 것"이라고 학교 과목에 대해 섣불리 불평해서는 안 되는 이유다. 생각을 만들 때는 모든 긍정적인 정보가 가치 있다.

우리는 중요한 목표를 세울 때 해결되어야 할 문제, 성공적으로 이루어야 할 도전이 무엇인지 마음에 제시한다. 그와 동시에 마음은 저 깊고 복잡하며 무한한 가능성의 미로 속에서 그 '아이디어'를 현실로 바꾸는 데 필요한 정보를 찾기 시작한다. 우리는 이 놀라운 능력을 평범한 일에도 자주 사용한다.

예를 들어, 특정한 자동차를 구매하는 '아이디어'는 머지않아 우리가 직접 운전하고 따사로운 일요일 오후에 세차도 할 수 있는 진짜 자동차로 변한다. 아이디어를 처음 떠올린 순간부터 새 자동차에 올라타 시동을 걸고 운전하는 순간까지 우리가 가야 하는 길은 길고 구불구불할 수도 있고 심지어 잘못 도착해서 돌아가야 할 수도 있다. 의식 속으로 필터링되어 들어오는 여러 제안을 의심함으로써 스스로 길을 막기도 한다. 나중에 가서야 그 방법이 과정을 단순하게 해주는 놀라운 지름길이었음을 뒤늦게 깨닫는다. 보이지 않는 아이디어는 강판, 유리, 덮개, 고무가 되고 때로는 골칫거리가 되기도 한다. 결실을 보기까지 3년이 걸릴 수도 있지만 결국 현실이 된다.

우리가 사는 동안 손에 넣는 모든 것은 목표-성취 시스템의 결과에 따른 것이다. 슈퍼마켓에서 장보기, 전화 통화, 10대 자녀에게 지시하기 따위로 구성될 때도 많다. 아이디어에는 성취가 따른다. 우리의 아이디어는 아무리 그 정도와 비용, 복잡함이 커져도 결국 똑같은 과정을 통해 결과로 이어진다. 소심함이나 합리화 또는 상식 때문에 겁이 나서 그냥 떨쳐버리는 아이디어도 있다.

멋진 아이디어를 가지고 놀 때 다른 아이디어가 홍수처럼 몰려와서 그 아이디어는 1년, 2년, 5년 또는 그 이상 연기되어야 할 수도 있다. 계획과 아이디어를 끝까지 고수할 때 우리의 생각 과정은 갑자기 비약적인 도약을 이룬다. 만족을 미룰 줄 아는 것은 성숙함의 표시이기도 하다. 리스트 작성은 큰 도움이 된다. 하지만 가끔 목록을 수정하는 것도 가능하다. 이런 시스템이 목표를 쉽게 이루게 도와준다는 사실을 깨닫고 목표를 업그레이드해 예전에는 자신에게 맞지 않았던 목표까지 포함할 수 있다.

수많은 사람이 단 1초도 생각하지 않고, 전혀 이해하지도 못한 채로 이 프로세스를 사용한다. 일단 이해와 테스트를 거친 시스템은 우리가 진지하게 여기는 모든 목표에 적용할 수 있다. 그저 시스템에 맡기기만 하면 된다. 시스템을 이해하기 위해서 꼭 완전히 이해할 필요가 있는 것은 아니다. 작업 과정의 모든 측면을 합리화하고 이해하려고 노력할수록 오히려 길을 막고 잠재력이 제한된다. 이 시스템은 효과적이니 그냥 믿고 맡겨라.

사람은 생각하는 대로 되지만 생각은 우리가 하기 나름이다. 스스로 목표 달성 능력을 깎아내리는 사람들이 너무 많다. 이상하게도 우리는 타인의 성취 능력에 대해서는 별다른 생각을 하지 않고 남들이 하는 일은 그냥 그러려니 한다. 하지만 자신의 목표를 정할 때는 터무니 없고 당혹스러울 정도로 안전함을 추구하고 좁은 한계 안에서 머무르는 경향이 있다. 일종의 '유지' 프로그램이 작동하고 있으면 더욱더 그렇다. 아무리 최소한의 노력을 요구하더라도 일단 직업이 있으면 다음과 같은 준비를 하려는 노력을 아예 차단한다.

1. 더 낫고 더 흥미로운 일을 찾으려는 노력
2. 갑자기 발생할 수 있는 비상사태에 대비하려는 노력

문 닫은 해군 조선소에서 해고된 노동자들의 뉴스 인터뷰를 본 기억이 난다. 아나운서가 물었다. "해군 조선소가 폐쇄되었는데 앞으로 어떻게 하실 생각인가요?"

가장 가까이 있던 남자가 답했다. "글쎄요. 다시 문 열 때까지 기다려야겠죠."

다른 남자도 말했다. "저는 이 해군 조선소에서 25년 동안 일했습니다. 다른 일은 몰라요."

그들은 한 목초지에서만 풀을 뜯는 소와 마찬가지였다. 하나뿐인 목초지가 사라진다면 그냥 똑같은 자리에 앉아서 시간을 낭비할 것이다.

25년은 짬짬이 심장 이식 수술법도 배울 수 있는 긴 세월이다. 그들은 일하지 않는 하루 16시간 동안 무엇을 했을까? 주말과 휴가 때는? 펜과 종이를 가져와 평범한 직장을 가진 사람이 일 년에 실제로 직장에서 일하는 시간이 얼마나 되는지 계산해보자. 그

다음에는 깨어있는 시간에서 그 시간을 빼보라. 만약 하루에 한 시간이라도 학습에, 가치 있는 일에 썼다면 정리해고는 그저 부수적인 사건일 뿐 오히려 실질적인 이익이 될 수도 있다.

'생각'하는 시간은 또 어떤가?

가족 부양의 책임이 있는 사람이라면 비상 대책 A, B, C를 적어도 A는 세워두어야 한다. 전투 중인 소대장은 이렇게 물어야 한다. "만약 적이 야간에 공격해온다면 어쩔 것인가? 뒤쪽에서 공격해온다면? 일요일 아침 식사 시간에 공격해온다면?" 부양할 가족이 있는 사람은 메모지에 "만약 내가 일하는 회사가 갑자기 문을 닫아서 하루아침에 직장을 잃게 된다면 어떡할 것인가?"라고 적고 답을 찾아야 한다.

남편과 아내가 함께 또는 따로 생각해본다면 가능한 대책을 몇 가지 찾을 수 있을 것이다. 주요 관심 분야의 교육은 어쩔 것인가? 당신은 앞으로 5년 후에도 지금과 똑같은 모습이기를 원하지 않을 것이다. 하지만 뉴스 인터뷰에 나온 해군 조선소 근로자들은 20년 전과 똑같이 어리석었다.

내가 열두 살 때 질문했던 어른들도 그들이 열다섯 살이었을 때보다 조금도 더 똑똑해지지 않았다. 그들은 생각과 학습 기능을 아예 막아버렸다. 가장 기본적인 자극에만 반응하면서 살아가는 존재들이었다. 배고프면 먹을 것을 찾고 잠과 섹스도 마찬가지였다. 나머지 시간은 그저 흐르는 대로 살아갈 뿐이었다. 그들은 잭 베니Jack Benny, 파이버 맥지Fibber McGee와 몰리의 라디오 프로를 들으며 웃는다. 무릎을 탁 치고 고개를 뒤로 젖히고 웃으면서 부분적인 혼수상태에 빠지는 것이 그들이 보통 깨어있을 때의 상태다.

80년대 초반 경제가 크게 흔들렸을 때 이런 말을 흔히 들을 수 있었다. "저는 그 회사에서 30년을 일했는데 하루아침에 해고당했습니다!"

그 말을 듣고 있자면 마치 그들이 회사를 위해 개인적으로 희생한 것처럼 들린다. 하지만 회사에서 일하는 동안 대가를 받았고 그 돈으로 원하는 목표가 무엇이든지 간에 추구할 수 있었다는 언급은 전혀 볼 수 없다. 공정한 합의였다. 납치되어 강제 노예로 일한 것이 아니다. 그들은 직장에 지원하고 합격했고 대가를 받으며 맡은 업무를 수행했다. 늙고 노쇠해질 때까지 계속 일자리를 제공해주겠다는 합의는 없었다. 그런데 왜 그들은 정리해고의 가능성을 염두에 두고 비상사태에 대비하지 않았을까?

내 친구 존과 엘시는 대비했다. 존이 직장에서 해고되었을 때 그들은 오하이오에 있는 집을 팔고 햇살 가득한 플로리다로 이사해 은퇴 생활을 즐겼다. 만약 그가 몇 년 더 일찍 해고당했다면 그들이 부업으로 삼았던 부동산 사업(집을 매매해 리모델링해서 되파는 일)을 본격적으로 해볼 수도 있었을 것이다. 그랬다면 그들은 부자가 되었을 것이다. 존과 엘시의 문제는, 많은 이들이 그러하듯 존이 제철소에서 일한 세월 동안 스스로 할 수 있는 일을 과소평가했다는 것이었다. 대부분의 사람들과 마찬가지로 그는 월급이 꼬박꼬박 나오는 직장을 스스로 포기할 생각이 없었다.

하지만 대부분의 사람들은 마치 어머니와 아버지라도 되는 것처럼 직장과 노조에 안전과 생존을 의지한다. 제철소는 규모가 큰 데다 큰 굴뚝도 있고 정말로 많은 사람을 고용하고 철이든 뭐든 잘 만들기 때문에 영원히 그 자리에 있을 것처럼 보인다. 그저 제시간에 출근해서 잘리지 않을 만큼 일하고 퇴근하면 된다. 일 년이 지나고, 몇십 년이 지나는 동안 무수히 많은 근무 이외의 시간을 지루함을 피하려고 애쓰면서 그냥 흘려보낸다.

왜 아무도 이들에게 변화에 대해 말하지 않을까? 어째서 그들은 중요한 정보로부터 고립되는가? 그들은 무지에 봉인되고 고정관념과 케케묵은 생각으로 포장되어 꽉 묶인다. 나도 잘 안다. 그런 사람들 속에서 살았으니까.

"책 좀 그만 읽어라. 눈 나빠진다." 아버지는 항상 말했다. 책을 읽는다고 눈이 나빠지지 않는다. 오히려 좋다. 눈과 연결된 뇌에는 더 좋고.

하지만 상황이 점점 변하고 있다. 매년 더 많은 사람이 생각하는 집단 쪽으로 이동한다. 아이디어는 지구상에서 가장 중요하다. 누구나 자신만의 아이디어 공장을 가지고 있다. 태어날 때부터 인간에게 기본 장비로 제공된다. 사람 속homo에서 유일하게 살아남은 우리 호모 사피엔스의 큰 뇌가 그것이다. 우리가 품에 안은 갓 태어난 아기는 잠재력을 다 알 수 없는 기적과도 같은 생명체다. 앞으로 그 놀라운 두뇌에 무엇이 채워질까? 아기는 그 재료들을 이용해 어떤 삶을 만들어 나갈까?

피터 드러커Peter Drucker는 공교육의 특징은 청소년기의 영속을 위해 고안된 제도라는 것이라고 했다. 어느 날 아침 식사에서 세 명의 여고생과 나눈 대화에서 드러커의 말이 맞는다는 것을 분명하게 알 수 있었다. 물론 열일곱 살짜리 세 명과의 30분짜리 대화가 심층 연구가 될 수는 없지만 내가 가게에서나 전화로 접촉한 점원들과 나눈 대화는 조금의 긍정적인 생각노 안겨주지 못했다.

낚시를 좋아하는 평균 남성이 꼭 훌륭한 낚시꾼은 아니다. 실제로 낚이는 물고기의 80퍼센트가 낚시꾼의 10퍼센트에 의해 잡힌다고 한다. 평균 투수는 아주 훌륭한 투수가 아니다. 평균 골퍼도 아주 훌륭한 골퍼가 아니다. 말하자면 끝도 없다. "대부분의 사람은 신용이 떨어뜨리지 않을 정도로만, 딱 필요한 만큼만 일한다."라는 말도 있다. 우리가 자주 듣는 '이만하면 충분하다'는 말의 진정한 의미는 "전혀 훌륭하지 못하다."다. 세상에서 가장 많은 기회가 주어지는 대표적인 선진 국가들에서 대부분의 사람들이 이런 식으로 살아간다.

공립학교에서 '생각하기'를 필수 과목으로 가르치지 않는 것은 유감스러운 일이다. 초중고는 물론 대학교까지도 대부분의 학교 공부에서는 '생각하기 I, II, III, IV'가 아니라 '기억하기'가 주를 이룬다. 생각은 인간이 가진 최고의 기능인데 학교에서 가르치지 않는다. 우리는 생각을 너무 당연시한다.

모든 직장인은 고용주가 제공하는 교육 프로그램을 마쳤을 때 '당신의 삶과 당신의 일'이라고 적힌 카세트테이프와 인쇄물을 받아야 한다. 그 안에는 이 책에서 다루는 내용의 상당수뿐만 아니라 권장 저축 계획, 비상 대응 계획, 타고난 역량을 알려주는 간단한 적성 검사가 들어있어야 한다. 이 모든 것은 그 사람에게 흥미를 줄 수 있어야 한다. 내가 누구이고 무엇을 할 수 있는지를 최대한 끌어 올려줄 수 있는 계획을 세울 때 필요한 너무도 중요한 옵션과 흥미로운 기회를 다양하게 제공해야 한다.

그 프로그램에는 "당신은 직장을 잃었다!"라는 제목의 내용도 들어갈 것이다. 그 부분은 "공동체가 원하거나 필요로 하는 것은 무엇인가?"라는 주제를 다룬다. 여기에서 공동체는 살고 있는 지역이나 나라를 넘어 전 세계를 모두 가리킨다.

인생에 찾아오는 위기는 때로는 기회다

캐나다 온타리오에 사는 좋은 친구 덤 배럿Derm Barrett은 비즈니스 컨설턴트인데, 총 800시간을 할애해 스페인어를 철저하게 배웠다. 그는 지금 수많은 라틴 아메리카 국가에서 비즈니스 세미나를 개최하고 있다. 덕분에 완전히 새로운 흥미와 기회의 세계가 열렸다. 800시간은 보통의 직장인들이 20주 동안 직장 업무에 사용하는 시간과 비슷하다. 스페인어를 배울 때 풍성하고 매혹적인 문화도 함께 배울 수 있다. 그리고 라틴 아메리카 국가들은 현대 비즈니스 노하우가 절실히 필요하다.

덤 배럿은 전화 통화에서 시간 관리와 목표 설정의 원칙을 이용해 스페인어를 배운 것과 그 결과로 얻은 보상에 관해 설명해주었는데 그의 흥분과 열정이 고스란히 전해졌다. 스페인어를 배운 덕분에 그의 선택권은 두 배로 늘어났다. 게다가 사람들은 외국인이 모국어로 말하면 무척 좋아해 준다!

직장을 잃은 것이 오히려 가장 큰 행운이 될 수도 있다. 좀 더 좋은 기회를 찾아 멀리까지 살펴보아야 하므로 안정적인 직장에 다닐 때 부족했던 에너지와 상상력 또는 동기 부여를 억지로라도 발휘하지 않으면 안 된다. 물론 처음에는 충격과 우울감에 빠질 수도 있지만 대부분 예전보다 마음에 들고 발전 기회도 많은 직업을 찾게 된다.

큰 성공을 거둔 남성과 여성에 대한 설문조사에 따르면 이전 직업이 그들의 성공에 직접적인 영향을 끼쳤다. 이전 직장에서 해고되었는지 자발적으로 그만두었는지는 상관이 없었다. 우리 회사의 최고 인재들도 예전에는 다른 회사에서 일했다. 그들은 현재의 직장에 만족한다. 더 높아진 수입이 말해준다. 그들은 예전보다 훨씬 더 흥미로운 일을 하고 있고 그 보상으로 어느 때보다 많은 소득을 올리고 있다.

　사업에는 아주 훌륭한 이론이 있다. 현재 좋지 않은 일이나 변화가 필요한 일에만 생각을 집중하지 말고 순조롭게 잘 풀리고 최고의 수익을 올리고 있는 일에도 집중해야 한다는 것이다. 수익을 만들어주는 바로 그 지점이 생각의 가장 큰 보상을 얻을 수 있는 곳이다.

　다시 말해서 위기가 닥쳐서야 생각하지 말라는 말이다. 콧노래가 절로 나올 정도로 일이 아주 잘 풀리고 있을 때 더욱더 개선하고 업그레이드하는 방법을 찾아라. 우리 자신에게도 똑같은 방식이 적용된다. 일자리를 잃을 때까지 기다렸다가 가능한 대안을 생각하지 마라. 상황이 순조로울 때, 압박감도 없고 낮아진 자존감으로 고통스럽지 않을 때, 미리 생각하라.

　충직한 친구와도 같은 노란 리갈 패드 메모장을 꺼내 맨 위에 이렇게 적는다. "나는 더 낫고 더 흥미롭고 더 보람 있는 일이 필요하다."

그 아래에 가장 먼저 이 질문을 던진다. "현재의 직장에서 그 일을 찾을 수 있는가? 현재의 직장에서 지금보다 더 중요한 기여를 하려면 어떻게 해야 하는가?"

다른 질문을 던질 수도 있다. "만약 '선택권'이 있다면 내가 하고 싶은 일은 무엇인가?" 답 목록을 만들어 중요성을 기준으로 순위를 매겨볼 수 있다. 각각의 답에 대하여 이렇게 물어본다. "나는 이 일을 해낼 수 있는 준비가 되었는가?" 또는 "이 일을 하려면 어떤 준비가 필요한가?"라고 물을 수도 있다.

이런 질문도 가능하다. "내가 이 공동체, 이 나라, 또는 전 세계 사람들에게 가장 잘 봉사할 수 있는 일은 무엇인가?" 이 질문에도 여러 가지 답이 나올 것이다. 아이디어를 끄석이다 보면 또 새로운 아이디어가 떠오른다. 새로운 아이디어는 물고기가 알을 낳듯이 새로운 아이디어를 낳는다. 그 알들이 또 아이디어를 가져온다.

지금 당신은 생각을 하고 있다! 인간이 사용하기 위해 태어난 장비를 사용하고 있다. 당신이 가진 가장 값진 능력을 작동하고 있다. 이런 생각을 할 때는 반드시 펜과 종이가 있어야 한다. 노란 리갈 패드면 더 좋다. 아이디어가 쏟아져나올 때까지 몇 페이지든 적어나가라. 사람마다 다르지만 생각의 과정을 탐구할 때 아이디어가 힘겨울 정도로 느리게 나올 수도 있다. 하지만 포기하지 않고 계속해 나가면 (생각은 힘든 일이다) 아이디어가 점점 더 쉽게 나온다. 게다가 점점 더 좋은 아이디어가 나올 것이다. 흥미로운 아이디어가 하나 떠올라도 멈추지 않는다.

메모장에 적은 후 밑줄을 긋거나 옆에 별을 그리거나 동그라미를 치고 계속 더 나은 아이디어를 떠올리려고 해본다. 분명 떠오를 것이다. 시간 여유가 있을 때마다 이렇게 한다. 며칠 또는 몇 주 동안 적어도 플랜 A가 세워질 때까지 계속한다. 내 경우에는 아침 시간이 가장 효과적이다. 그다음에는 플랜 B에 도전한다. 아내나 남편과도 이야기를 나누고 생각의 힘을 빌려보자. 머지않아 새롭고 흥미로운 선택권이 발견되고 아이처럼 기뻐하며 웃음을 터뜨릴 수 있을 것이다.

글쓰기에 익숙하지 않은 사람은 (안타깝게도 수백만 명의 미국인들이 그렇다) 제발 부탁이니 이제부터 리갈 패드에 메모하는 습관을 길러보자. 의식의 수면 위로 헤엄쳐와 떠오르는 아이디어들을 전부 다 기억할 수 있으리라는 생각은 절대로 하지 말길. 반드시 종이에 적어야 한다.

글쓰기 능력을 향상시키고 싶다면 아주 좋은 방법이 있다. 훌륭한 책을 필사하면 된다. 한 페이지씩 모든 단어를 따라 적는다.

구두점도 똑같이 필사하고 새로운 문단이 시작되는 부분도 잘 살핀다. 필사하면서 소리 내어 읽으면 글쓰기가 점점 쉬워지고 자연스러워짐과 동시에 말하기도 개선된다. 옆에 사전을 놓고 모르는 단어를 찾아본다.

하루에 30분씩만 투자해도 머지않아 글쓰기가 쉬워지고 재미있어질 것이다. 썩 훌륭하고 잘 읽히는 문체가 발달하기 시작한다. 사용하는 모든 단어가 명확한지 확인해야 한다. 훌륭한 작가 W. 서머싯 몸W. Somerset Maugham도 이 방식을 사용하여 문체를 발전시켰다.

열 살짜리 아들을 둔 엄마에게 여름 방학 동안 하루에 한 시간씩 책을 읽고 글을 쓰게 하라고 제안했다. 그러면 가을에 시작하는 새 학기를 다른 아이들보다 월등하게 유리한 상태로 맞이할 수 있을 거라고 말이다. 그러자 그녀는 마치 내가 아들에게 중국어를 가르치라고 제안하기라도 한 듯한 표정으로 바라보았다. 내 제안은 무시되고 아이의 읽기와 쓰기 능력도 개선되지 못할 것이 분명했다.

아이디어는 자율성을 제공해준다. 아이디어는 자유를 준다. 다른 선택지와 다른 목적지가 존재한다는 것을 알려준다.

좋은 아이디어는 경이롭고 즐겁고 마법 같다. 그것은 어떤 사람들이 은퇴 후에 35년 혹은 40년 동안 끈질기게 매달렸던 직장에서보다 훨씬 더 많은 돈을 버는 이유를 설명해준다. 연금으로 기본적인 소득이 보장되므로 직장 생활을 할 때는 없었던 용기를 가지고 자신 있게 목적과 아이디어를 추구한다. 괜찮다. 해야 할 일을 언제 해야 하는지 정해진 규칙 따위는 없으니까. 언제라도 괜찮다. 하지만 늦게 시작한 사람들은 종종 이렇게 말한다.

"30년 전에 이랬어야 했어! 그랬다면 지금 얼마나 큰 부자가 되어있을까! 얼마나 많은 즐거움을 누렸을까!"

우리가 살아가는 동안 안정이라는 것은 없다. 안정은 삶의 시작과 끝에만 존재할 뿐이다. 살아가는 동안 안정을 찾으려고 애쓰는 일은 절대로 보장되지 않는 무언가를 찾으려는 것과 같다. 불안은 인간의 자연스러운 존재 상태다. 불안정은 흔히 생각하는 것처럼 여러 개의 다리와 날카로운 발톱이 달린 불 뿜는 괴물이 아니다. 불안정은 오히려 자율성을 의미한다. 관심사와 도전에 필요한 선택권을 제공한다. 불안정은 우리가 자신을 압박해 최선의 능력을 발휘할 수 있게 해준다.

당신의 6개월 혹은 1년 치 수입을 모아두는 것도 좋은 생각이다. 그러면 자유와 자율성이 가능해진다. 변화를 추구할 시간이 생긴다. 좋은 아이디어는 이로운 변화를 가져다주는 아이디어를 말한다. 그리고 좋은 아이디어는 그 모양과 크기가 제각각이다.

좋은 아이디어는 변화를 의미한다. 큰돈을 벌게 해주는 훌륭한 아이디어가 꼭 완전히 새로운 생각에서 시작되어야 할 필요는 없다. 기존의 성공에도 좋은 아이디어를 통해 더 큰 성공으로 이어질 가능성이 숨어 있다. 그럭저럭 수익이 발생하는 기존의 평범한 사업을 개선해서 더 큰 수익을 올리는 것은 얼마든지 가능하다.

"아무 걱정 없이 신경을 덜 쓸 수 있는 지점에 이르고 싶다."라는 생각은 절대 하지 마라. 물론 힘든 부분을 다른 사람들에게 맡길 수도 있지만 미래를 생각하고 계획을 세우는 일은 계속되어야 한다. 그러지 않으면 죽는다. 인간은 흥미를 잡아끄는 일이 없으면 하향곡선을 타기 시작한다. 무너지고 일이 꼬이기 시작한다. 편안하게 쉬는 것은 죽은 다음에야 가능하다.

할 일이 계속 있는 사람들이 오래 산다. 새로운 농작물을 심고 수확하고 신선한 우유를 짜고 관심을 쏟아야 하는 일이 수백 가지가 넘는 농부들, 해마다 새로운 수업을 맡는 교사들, 매번 새로운 소재를 준비해야 하는 작가들. 이들은 절대로 아이디어가 떨어지지 않는 사람들이다. 마침내 삶의 마지막에 이르렀을 때야 아이디어가 깨진 영화 필름의 이미지처럼 갑자기 사라진다.

철학자 호세 오르테가 이 가세트Jose Ortega y Gasset에 따르면 인간은 방향 감각이 없는 상태로 태어나는 유일한 종이다. 다른 종은 낯선 세상에 태어나자마자 편안함과 익숙함을 느낀다. 전적으로 본능에 통제되고 모든 자극에 자동으로 반응하므로 '어떻게 해야 하지?'라고 생각할 필요가 없다. 그런데 이 사전 계획된 상태가 왜 인간을 거부하는 것일까? 인간은 자신의 고유한 세계를 스스로 창조할 수 있는 힘을 가진 유일한 생명체다. 그것은 실로 놀라운 힘이다. 아이디어가 지구상에서 가장 위대한 이유는 삶을 만들기 때문이다. 하지만 안타깝게도 훌륭한 아이디어가 없는 상태에서 삶이 만들어지도록 내버려 두는 사람이 너무 많다.

한 시인은 이렇게 적었다. "자신의 일을 찾은 사람은 복 받은 사람이다." 정말 좋은 생각이다. 끝없이 탐구할 수 있는 관심 영역을 찾은 사람의 미래는 밝다.

훌륭한 생각을 또 알려주겠다. 누구에게나 그런 일이 있다. 아직 찾지 못했다면 찾을 때까지 계속 탐구하는 것이 가장 좋은 방법이다. 또 다른 좋은 생각이 있다. 우리가 평생 받는 보상은 우리가 다른 사람들에게 하는 봉사에 비례한다. 사람이 살아가는 이유는 서로에게 도움이 되기 위해서니까.

✦ 인생의 진리 ④ ✦

생각은 목표를 이루는 첫걸음이다.

✦ 5장 ✦

부는
다른 사람을
돕는 것에서
시작된다

✦

　알베르트 아인슈타인은 "인간은 왜 세상에 존재하는가?"라는 질문에 "우리는 오직 서로에게 도움이 되기 위하여 존재한다."라고 대답했다.

　인간에게는 필요와 욕구가 있다. 타인의 필요 또는 욕구를 충족해줄 때 우리는 그들에게 봉사하고 서비스를 제공한다고 말할 수 있다. 우리가 평생에 걸쳐 받는 보상은 우리가 하는 봉사에 비례한다. 아인슈타인이 표현한 위대한 생각은 "내 이익은 무엇인가?"라는 접근법을 차단한다. 그것은 전형적으로 미숙한 소인배들의 접근법이다.

　캘리포니아의 아름다운 해안 도시에 가족이 운영하는 레스토랑이 있다. 이곳은 겨우 망하지 않을 정도로만 근근이 버티고 있다. 음식도 꽤 맛있고 제과제빵 제품들은 대단히 훌륭한데도 그렇다. 주인들은 가장 높은 가격으로 가장 적게 내주는 것이야말로 가장 큰 수익을 올리는 방법이라고 굳게 믿는다.

물론 이론적으로는 맞는 말이다. 되도록 원가가 적게 들고 가격은 높게 받으면 수익이 커질 테니까. 하지만 그것은 고객의 입장이 빠진 계산법이다. 고객들의 생각은 전혀 다르다. 고객은 가장 적은 돈으로 가장 많은 것을 얻고자 한다. 돈을 어디에 쓸 것인지 결정하는 것도 고객이다.

사람들은 어디에 돈을 쓸지 투표한다. 더 가치 있다고 생각되는 장소에 표를 던진다. 방금 이야기한 레스토랑에서 고객은 최소 제품에 최고 가격이 청구된다는 사실을 곧바로 알아차릴 것이다. 예를 들어, 대부분의 레스토랑은 테이블에 버터가 놓여있지만 이 레스토랑은 주방에서 빵에 버터를 발라서 내오는데 한눈에 보기에도 넉넉히 발려있지 않다. 진짜 버터가 맞는지도 의문스럽다. 이 레스토랑에서 제공되는 다른 음식들도 이런 식이다. 최고 가격으로 최저 서비스가 제공된다. 좀 더 자세히 말하자면 대다수의 고객이 굳이 불만을 표출하지 않고 지불하는 수준의 최고 가격이다.

그래서 한번 이곳을 찾은 사람은 두 번 다시 가지 않는다. 어떤 음식점이든 몇 번이고 다시 찾고 주변 사람들에게도 소개해주는 고객이 가장 수익성이 높다. 터무니없이 없을 만큼 푼돈에 벌벌 떠는 이 레스토랑은 바로 그 이유에서 가장 풍성한 소득원을 놓치고 있다. 하지만 오너들은 실패의 원인을 알아차리지 못하고 있다.

얼마 전 한동네에 문을 연 다른 레스토랑은 매일 문전성시를 이룬다. 놀라울 정도로 메뉴가 다양하고 맛 좋은 음식을 가격 대비 넉넉하게 제공한다. 이 새로운 레스토랑의 손님들은 그들이 쓰는 돈에 비해 서비스를 잘 받는다고 느낀다.

어느 날 그곳에서 아내 다이애나와 점심을 먹는데 한 남자가 옆 테이블을 치우고 있었다. 그는 도움이 필요한 웨이트리스들을 도우면서 정신없이 바쁘게 뛰어다녔다. 우리는 그에게 인사를 건넸다. 레스토랑의 사장이었다. 이곳은 그의 아홉 번째 레스토랑이었고, 계획에 따라 그의 사업은 점차 확장하고 있었다. 우리만큼 그도 레스토랑에 만족하고 있었는데 몇 년 동안 일하고 계획을 세운 결과이자 진정한 성공작이니 자랑스러워할 만도 했다. 우리는 그에게 레스토랑이 참 마음에 들고 점심 식사를 맛있게 했으며 앞으로도 자주 오겠다고 말했다. 그곳을 찾은 다른 주민들도 똑같은 생각이었을 것이다.

사업이 성공하기 위한 비법

서비스로 승부하라!

누가 한 말인지는 잊어버렸지만 서비스는 사업이 성공하기 위한 핵심이다. 최선을 다하고 더 낫게 만들려고 애쓰고 소비자가 지불하는 금액으로 기대하는 것 이상을 제공하라. 해야 할 일을 잘하면 시장에서 균형이 맞지 않을 정도로 엄청나게 높은 점유율을 차지할 수 있다.

봉사, 서비스. 우리는 서로에게 도움이 되기 위해 존재한다. 봉사하는 사람은 어떻게든 대가를 돌려받는다. 봉사하지 않는 사람은 아무것도 받지 못한다. 대공황 시절에 어린아이였던 나는 어른들이 "언젠가 우리 배가 들어올 거야."라고 말하는 것을 들었다. 좋은 생각이긴 하지만 그것도 배를 바다로 내보냈을 때의 이야기다!

아프리카에는 수많은 이들이 굶주리고 있고 우리는 그들을 돕기 위해 돈을 보낸다. 그곳 사람들은 가뭄으로 말라가는 땅, 무능하고 비효율적인 정부, 교육의 부재 등 여러 요인으로 다른 이들에게 서비스를 제공하지 못하므로 대가를 받지 못한다. 선진국의 사람들처럼 그들의 절박한 상황을 도울 수 있는 이들의 도움만 받을 뿐이다. 씨를 뿌리지 않으므로 거두지도 못한다. 그들과 그들의 아이들은 굶주린 채 뜨거운 태양과 들끓는 파리 떼 속에서 힘없이 누워있다.

타인에게 서비스를 제공하는 기회야말로 세상에서 가장 위대하다. 그런 면에서 계몽된 민주주의 국가에 사는 우리는 매우 운이 좋다고 할 수 있다. 세상에는 도움과 아이디어, 제품과 서비스가 필요한 곳들이 널렸다. 제3세계는 물론이고 제1세계와 제2세계도 마찬가지다. 당신이 서비스를 제공하는 기회의 범위는 당신의 상상력과 교육이 합쳐진 범위라고 할 수 있다. 가장 좋은 출발점은 지금 당신이 있는 곳이다.

당신은 이미 자신의 두뇌와 능력을 요구하는 유용한 서비스를 세상에 성공적으로 제공하고 있을지도 모른다. 하지만 확실한 사실이 있다. 그 서비스를 지금보다 더 개선할 수 있다는 것. 당신이 아직 생각하지 못한 다른 사람들에게도 당신의 서비스를 경험하게 하고 고객을 확장하는 방법이 있다는 것. 당신이 세상에 제공하는 서비스는 개인적인 특징이 강해서 규모를 늘릴 수 없을 수도 있다. 성공한 외과의, 조각가 또는 화가가 여기에 해당할 것이다.

모든 직종에는 등급이 있다. 전문성과 서비스의 품질이 최고 수준이고 일정 기간에 걸쳐 쌓아온 고객층이 있는 위대한 사람들. 그다음에는 아주 잘하는 사람들, 잘하는 사람들, 평균, 평균 이하까지. 하지만 우리가 어떤 형태로든 제공하는 서비스에는 적절한 보상이 따른다.

이런 질문이 들 수도 있다. "월급쟁이의 아내는 어디에 속하는가? 치과의사나 외과 의사, 훌륭한 칼을 만드는 사람의 아내는?"

다른 사람들의 아내에 대해서는 정확하게 말할 수 없지만 이 서비스-보상 시스템 안에서 내 아내가 수행하는 역할은 설명해줄 수 있다. 내 아내 다이애나와 나는 서로에게 배경을 제공한다. 다이애나의 존재와 그녀가 나에게 제공하는 따뜻한 집, 그에 따르는 수많은 것들 덕분에 나는 일에 최선을 다할 수 있다. 그녀는 내 녹음 엔지니어이자 편집자로도 일하고 있다. 그녀는 나에게서 최고의 능력을 끌어낸다. 나도 그녀에게서 최고의 능력을 끌어낸다. 그녀가 나에게 직접 말해준 사실이다.

나 역시 그녀 덕분에 최고의 능력을 발휘할 수 있다고 말했다. 거의 모든 남성은 올바른 여성이 옆에 없으면 반쪽이나 마찬가지이고 (신체의 일부가 잘려버린 것처럼) 일에서 최고의 능력을 발휘하지도 못할 것이다. 여성도 다르지 않다. 현대인에게 가정을 꾸려나가는 것은 풀타임 직업이나 다름 없다. 특히 남편과 아내가 둘 다 일하면 (나와 다이애나의 경우는 그렇지 않지만) 훨씬 더 어렵다. 세상의 모든 맞벌이 부부에게 경의를 표한다.

남자와 여자는 상호 보완적인 존재이고 잘 맞는 짝을 찾으면 삶의 진정한 기쁨을 얻는다. 서로의 삶을 끊임없이 풍요롭고 의미 있게 만들어줄 수 있다는 것이다. 이런 남녀는 여러 다양한 방식으로 서로에게 서비스를 제공한다. 두 사람은 저마다 독창적인 인간이지만 한 팀으로서 서로의 노력에 대한 보상을 받는다. 누가 무엇을 얻는지는 중요하지 않다. 한 팀이므로 남편이나 아내가 어떤 방식으로든 무언가 만들어내면 모두에게 이로우니까.

남자나 여자의 창의성은 배우자나 둘의 관계에 놀라울 정도로 큰 영향을 받는다. 둘 중에서 누가 돈을 더 많이 버느냐는 중요하지 않다. 서로에게 보탬이 되는 파트너이기 때문이다.

그러니 "결혼생활에서 아내(남편)가 무슨 가치가 있는가?"라고 묻지 마라. 대신 자신에게 "남편(아내)으로서 무슨 가치가 있는가?"라고 묻는 것이 더 나을 것이다. 두 사람의 가치를 합친 것이 변화를 만든다. 올바른 파트너를 만나면 한계가 없어진다. 당신을 가로막는 것은 오직 당신이 가진 작은 꿈뿐이다.

부부는 이렇게 물어야 한다. "우리가 원하는 것은 무엇인가?" 그러면 세상에 어떤 서비스를 제공해야 하는지에 대한 생각이 떠오를 것이다. 나는 라디오 방송에서 기업가들에 대해 이야기하는데 청취자에게 다음과 같은 내용의 편지를 받았다.

잠깐만요, 나이팅게일 씨. 자기 사업을 하는 세상의 모든 기업가에게는 좋은 직장에 취직해서 만족하는 수백 명의 평사원이 있습니다. 우체국이나 제너럴 모터스, AT&T, 굿이어 타이어, 러버에서 일하는 수많은 사람 또는 수십만 명을 고용하는 다국적 대기업들은 어떤가요? 그들은 매일 아침 일어나 출근해서 맡은 일을 해내는 분별 있고 성실하고 근면한 사람들입니다. 그보다 규모가 작은 회사들에는 훨씬 더 많은 사람이 고용되어 있지요. 그들은 "이것이 나에게 맞는 일인가?" 또는 "내 유전적 강점에 적합

그들이 어떠냐고? 열심히 일하는 멋진 사람들이다. 그들이 없으면 세상은 엉망진창이 될 것이다. 하지만 그들을 고용한 기업가들이 아니었다면 직장을 갖지 못했을 것이다. 누군가가 사업을 시작한 덕분에 수백만 명에게 일자리가 생겼다. 대부분 기업은 좋은 아이디어를 떠올리고 그 아이디어의 가치를 증명하고자 기꺼이 위험을 감수하는 사람으로 시작된다.

좋은 직장을 가진 것을 기뻐하고 열심히 일하는 수많은 사람이 있다는 것은 잘된 일이다. 직업과 그 직업이 가져다주는 소득이라는 결과물이 그들의 필요를 충족해주므로 잘된 일이다.

하지만 누구나 어떤 식으로든 서비스를 제공하지 않으면 수확을 하지 못한다. 씨를 뿌려야만 수확할 수 있다. 얼마나 뿌리느냐가 수확의 규모를 결정하고 씨앗의 품질이 수확의 품질을 결정한다. 우주의 법칙인 작용과 반작용의 법칙은 다른 모든 곳에서 그러하듯 우리의 개인적인 삶도 지배한다.

이 단순한 사실에 대한 오해가 수많은 이들을 궁지에 빠뜨린다. "누구누구는 40년 동안 열심히 일했지만 이렇다 할 재산을 일구지 못했다."라는 말을 흔히 들을 수 있다. 그렇다면 그는 매우 큰 실수를 저지른 것이다. 그 정도 일했으면 지금쯤이면 꽤 여유롭게 살고 있어야 한다. 자신에게 맞는 일이 아니었거나 일에서 기회를 발견하는 데 실패했을 것이다.

우리 집에 오는 우체부는 좋은 서비스를 제공한다. 그는 "이 것이 나에게 맞는 일인가?" 또는 "내 유전적 강점에 적합한 일인 가?"라는 질문을 해본 적이 있을까? 알 수 없지만 어쨌든 그는 우체국에서 일하는 것에 꽤 만족하는 것처럼 보인다. 여가에 몰두하는 취미가 있을 수도 있다. 그와 그의 아내에게는 충분히 만족스러운 삶일지도 모른다.

나는 지역 우체국장에게 전화해서 우체부 한 명이 담당하는 집이나 업체가 몇 개나 되는지 물어보았다. 평균 400~650개 사이라고 했다. 500개라고 쳐보자. 우체부로 일하는 동안 제공할 수 있는 최고 수준의 서비스다.

생계를 유지해야 하는 사람은 스스로에게 물어봐야 한다. "어떻게 하면 다른 사람들을 가장 잘 도울 수 있을까?" 알베르트 아인슈타인이나 바브라 스트라이샌드, 조 몬타나, 캐롤 오코너처럼 해야 할 일을 온몸으로 정확하게 아는 사람이 아니라면 '너 자신을 알라'라고 외친 소크라테스의 조언을 받아들여 자신을 깊이 둘러볼 필요가 있다.

자신을 깊게 아는 것부터 시작해야 한다

어린 시절에 대해 돌아보는 것으로 시작할 수도 있다. 어릴 때 무엇에 끌렸는가? 다른 아이들과 함께 놀 때 대장 노릇하는 것을 좋아했는가, 아니면 구성원의 한 명이 되는 것으로 만족했는가? 자주 공상하는 주제는 무엇이었는가? 특히 잘했던 과목은 무엇인가? 어떤 수업이 가장 좋았는가?

초등학교 때부터 중학교 때까지 친구들이 졸업앨범에 적어준 말들도 훌륭한 연구 자료가 된다. 친한 친구들과 반 친구들은 우리가 당연시하거나 미처 깨닫지 못한 강점을 알아차리는 경우가 많다.

나는 예전에 옛날 졸업앨범에 적힌 글을 읽고 깜짝 놀랐다. "앞날에 행운이 가득하길 빌어, 이야기꾼 얼 나이팅게일."이라고 적어준 친구들이 무척 많았다. 아이들에게 이야기를 들려준 기억이 전혀 없었기에 더욱더 어리둥절했다. 가만히 생각해보니 책을 많이 읽어서 박학다식했던 내가 어딘가에서 읽은 이야기를 반 아이들에게 들려주었던 게 아닌가 싶다. 물론 그런 기억이 떠오르지는 않는다. 하지만 친구들의 말은 분명하게 남아있다.

중학교 때 친구들은 내 졸업앨범에 나에게 잘 어울리는 직업을 적어주기까지 했다. 당신의 친구들도 그랬을지 모른다.

유전학은 매우 흥미로운 주제다. 사람은 여러 가지 다양한 능력을 타고난다. 단 하나의 강점, 특기만 찾는 것은 쉽지 않은 일이다. 하지만 누구나 특히 잘하고 즐거움을 느끼는 일이 있기 마련이다. 앞으로 평생 직업으로 삼고 싶은 일 말이다.

만약 강점이 경영 능력이라면 무엇을 생산하는 이들을 관리하느냐는 중요하지 않을 것이다. 경영자는 일을 가능하게 하는 사람이다. 반면 관리자는 이미 성공한 조직을 관리하는 역할을 한다. 만약 조직이 내리막길로 향하기 시작하면 관리자도 하향곡선을 그린다. 하지만 경영자는 그렇지 않다. 그는 문제를 발견한 순간 대책을 세우기 시작한다. 훌륭한 경영자는 조직이 잘 나갈 때도 대책을 세운다. 경영자는 도전과 변화를 반기지만 관리자는 그렇지 않다.

당신은 변화에 대해 어떻게 생각하는가? 당신은 변화가 더 크고 더 좋은 것, 현재의 긴급한 해결책을 가져다줄 수 있다고 보는가? 아니면 변화를 현재 상태에 대한 위협으로 바라보는가?

기업가는 위험 감수와 도전 상태에서 살아갈 수 있는 사람이다. 오히려 그런 상황에서 최고의 능력을 발휘할 수 있다. 모든 놀라운 성공은 어느 정도 위험 감수와 관련 있기 마련이다.

존과 엘시 부부가 좋은 동네의 오래된 집을 사서 리모델링해 팔면 상당한 이익을 낼 수 있다는 사실을 처음 알았을 때 제철소를 그만두고 부동산 사업을 전업으로 삼는 것이 그들에게 더 현명한 선택이었을 것이다. 하지만 그들의 본성이 허락하지 않았다. 직장을 그만두면 뭔가 잘못될 수도 있을까 봐 두려웠다. 심한 불경기에 부동산 시장이 완전히 침체하면 직장도 없는 상태에서 수입이 완전히 사라질 것이라는 걱정이 발목을 붙들었다.

그들은 유서 깊고 튼튼한 제철 기업에서 꼬박꼬박 나오는 월급이 안정성을 보장해준다고 믿었다. 하지만 미국의 철강 산업은 세계 경제의 변화를 따라가지 못했고(노조가 망치와 부젓가락이라도 휘두르듯 모든 변화에 무조건 맞서 싸웠고 견고한 경영진도 변화를 거부했다) 결국 제2차 세계대전 후에 지어진 일본의 새로운 제철소들이 품질 좋은 철재를 훨씬 더 저렴한 가격으로 생산하기 시작했다.

결국 30년 동안 충직하게 자리를 지킨 관리자 존도 해고당하게 되었다. 하지만 연금도 있고 그동안 아내와 함께 저축과 투자로 꽤 많은 재산을 일구어놓은 상태였다. 지금 그들은 플로리다의 콘도에서 자유롭고 행복하게 살고 있다. 존과 엘시는 부분 기업가였고 부업으로 꽤 괜찮은 수익을 올렸다.

대규모 조직 안에서도 기업가들을 찾아볼 수 있다. 오늘날 기업가는 비즈니스 역사상 그 어느 때보다도 많다. 직원들이 조직 내에서 좋은 아이디어를 실행할 수 있도록 적극적으로 도와주는 기업들이 점점 늘어나고 있다. 기업은 시작 및 운영 자금, 공장, 장비

등 직원들이 새로운 아이디어를 실행하는 데 필요한 모든 것을 적극 지원한다. 머지않아 조직 내의 부서가 점점 성장하고 수익성이 커지고 직원들은 그에 따른 보상을 받는다.

존과 엘시는 존이 일했던 철강 회사 안에서 부동산 리모델링 사업을 운영할 수는 없었을 것이다. 기업의 사업 부문과 전혀 관련이 없었기 때문이다. 하지만 잘 생각해보면 월급 받고 일하는 직장인이라도 누구나 기업가가 될 수 있다.

다른 사람들에게 더 나은 서비스를 제공하는 방법을 고민할 때 꼭 대규모의 고객층에 대해 생각할 필요는 없다. 존과 엘시의 부동산 사업에 필요한 고객이 얼마나 많겠는가? 12명? 멋진 칼을 만드는 W. D. 보 랜달의 고객은 어떻고? 그의 칼을 사고 싶어 하는 대기자 명단이 4년 동안 꽉 찼고 가장 저렴한 칼을 만드는 데만 12시간이 걸린다.

나는 이것을 롤스로이스 부문이라고 부른다. 충분한 값을 매길 수 있는 제품이 있다면 대량으로 생산해서 판매하지 않아도 사업을 성공시킬 수 있다. 캘리포니아 카멜에는 코섹Kocek이라는 보석상이 있는데, 세상에 단 하나뿐인 아름답고 특별한 액세서리를 만든다. 그는 일을 사랑하고 시내에 아름다운 시내 상점을 가지고 있으며 꽤 오랫동안 성공을 이어오고 있다.

코섹은 큰 성공을 거두었지만 그의 고객층은, 이를테면 켈로

그처럼 그리 거대하지 않다. 켈로그의 콘플레이크는 얼마나 큰 성공을 거두었는가! 나비스코의 리츠 크래커는 어떻고! 이 두 제품은 출시된 지 매우 오래되었지만 처음부터 너무나 훌륭한 아이디어였기에 지금도 여전히 잘 나가고 있다.

세상에는 할 수 있는 일이 너무 많고 서비스를 제공할 만한 사람들도 너무 많다. 좋은 아이디어만 있으면 된다. 당신은 조용한 주말에 아이디어를 몇 개나 떠올릴 수 있는가? 좋은 아이디어는 더도 덜도 말고 딱 하나만 있으면 된다. 하루에 한 시간씩 창의적인 생각에 몰두한다면 얼마나 많은 아이디어가 나올 수 있을까? 아이디어를 고민할 때 서비스의 개념을 잊어버리면 안 된다. 일부 시장의 필요나 욕구를 다루는 아이디어라야 한다. 모든 고객을 충족하지 않아도 된다. 켈로그나 나비스코조차도 모든 소비자를 대상으로 다루지 않는다.

의도적이고 창의적인 생각을 꾸준히 하는 사람은 소수에 불과하다. 우리는 자신의 욕구가 충족되는 순간 생각을 멈추는 경향이 있다. 좋은 아이디어를 딱 하나 가진 사람이 좋은 아이디어가 하나도 없는 사람보다 천 배는 더 낫다. 하지만 좋은 아이디어가 하나만 있는 사람은 끊임없이 더 나은 아이디어를 떠올리는 사람만큼 성공하지 못하고 그만큼의 재미와 관심사를 누리지도 못한다. 좋은 아이디어를 떠올리고 계속 쌓아나가야 한다.

헨리 포드가 떠올린 아이디어는 평범한 노동자들도 살 수 있는 자동차를 만드는 것이었다. 그는 그 목표를 이루었고 세계적으로 내로라하는 부자가 되었다. 오늘날 시장에 나온 포드 제품들이 얼마나 다양해졌는지 보라! IBM도 우스꽝스러운 펀치 카드로 시작했지만 성장을 거듭했다.

하루하루 좋은 아이디어에 주의를 기울이면 엄청난 누적 효과가 발생한다. 아이디어는 마치 거대한 파도처럼 바다 저 멀리에서 시작된다. 처음에는 거의 알아볼 수 없지만 뭍에 가까워질수록 수위는 점점 얕아지고 파도는 점점 커진다. 반투명한 물이 올라갔다 내려왔다 하는 힘을 통해 마침내 거대하게 솟아오르고 해안가로 거세게 밀려와서 거품을 낸다.

아이디어의 파도가 일어나 세상에 완전히 받아들여지고 큰 성공을 거두는 모습을 보는 순간, 당신은 인생의 가장 큰 기쁨을 느낄 수 있을 것이다. 아이가 대학을 졸업하고 사회에 첫발을 내디디는 모습을 지켜보는 것만큼 감동이 할지 모른다.

서비스를 제공하는 창의적인 방법은 롤스로이스나 나비스코 시스템 중 하나일 것이다. 가격이 높고 품질도 뛰어난 제품으로 작은 시장을 상대하느냐, 저렴한 제품으로 무제한 시장을 상대하느냐. 제품뿐만 아니라 서비스에도 같은 생각이 적용될 수 있다.

이 두 가지 아이디어 말고도 중간 가격의 제품이나 서비스를 제공하는 방법을 고려할 수도 있다. 현재 미국에서 가장 빠르게 성장하고 있는 시장이고 일본의 자동차 산업이 집중하는 부문이기도 하다. 일본은 미국 시장에 수출하는 자동차의 숫자를 줄여야만 하자, 숫자는 적지만 가격은 더 비싼 차를 수출하는 방안을 내놓았다. 자동차 수출에서 숫자는 크게 줄인 반면 가격의 비중은 크게 올렸다. 그것이 미국 시장에는 훨씬 더 효과적인 아이디어였다.

"고양이 가죽을 벗기는 방법은 여러 가지가 있다!"

이 구역질 나고 진부한 표현이 어디서 나왔는지는 모르겠지만 문제 해결에 적용하기에는 좋은 접근법이다.

"내년에 수출하는 자동차를 줄이라고? 좋아. 그렇다면 품질이 더 뛰어나고 더 고급스럽고 더 비싼 모델을 만들어서 수출하자. 그러면 그쪽의 문제와 이쪽의 문제를 동시에 해결할 수 있어."

위협적으로 보이는 문제라도 뜻밖의 해결책이 있기 마련이다. 실제로 어려운 문제를 해결하면 문제가 발생하지 않았을 경우보다 상황이 훨씬 더 나아진다. 어떤 방법이 통하지 않으면 다른 방법으로 해결할 수 있을 것이다. 서비스의 개념을 꼭 기억하라.

아인슈타인은 말했다. "사람은 오직 다른 사람들에게 봉사하기 위해 존재한다." 이 부분에 완전히 몰두해보자. '서비스를 제공하는 방법이 뭐가 있을까? 또는 최고의 서비스를 제공하는 방법은 무엇일까?' 그리고 계속 서비스를 제공하라. 이사회가 생길 정도로 회사가 성장하면 이사회실 벽에 각계각층의 고객들을 그려놓는다. 모든 회의의 주제는 '이것이 우리가 선택한 사람들에게 더 나은 서비스를 제공하게 해줄 것인가?'여야 한다.

고객이 우선이고 직원은 그다음이다. 그리고 당신은 맨 끝에 와야 한다. 먼저 고객과 직원들을 훌륭하게 돌본다면 그들도 당신을 돌봐줄 것이다.

서비스가 답이다. 우리에게 중요한 모든 사람에게 서비스를 제공하는 것. 사랑하는 사람들, 우리의 고객들, 직원들에게. 그러면 그들도 우리에게 필요한 모든 것을 제공할 것이다.

이것이 진리다.

✦ 인생의 진리 ⑤ ✦
....
사람은 다른 사람을 돕기 위해 존재한다.

6장

큰 기대를
품어라

Earl Nightingale

"개인의 성공과 실패에서 태도는 어떤 역할을 하는가?"라는 질문은 "히말라야에서 화강암의 역할은 무엇인가?" 또는 "태평양에서 H2O의 역할은 무엇인가?"라고 묻는 것이나 마찬가지다.

태도는 성공이나 실패를 전적으로 좌우한다. 훌륭한 태도가 있으면 처음에 거의 아무것도 없는 상태로 출발해도 성공할 수 있다. 태도는 매출을 올리게도 하고 날려버리기도 한다.

태도란 무엇인가? 사전적인 의미로는 마음가짐이나 기분을 말하지만 훨씬 더 많은 것을 포함한다. 태도는 우리가 일어나기를 원하거나 기대하는 일의 토대를 마련한다. 수많은 사람이 "나는 운이 나빠서 실패만 할 거야!"라는 생각으로 인생을 살아간다. 무엇을 하든지 계속 실패할 것이라고. 그러면 태도가 실패할 수밖에 없는 조건을 만든다. 실패를 기대하면 실패에 대해 생각하므로 실제로 계속 실패한다. 아무리 훌륭한 교육을 받아도 태도가 올바르지 못하다면 실패는 자명하다.

탁월함을 요구하는 태도는 탁월함을 가져온다. 우리는 반드시 큰 기대가 있는 태도를 유지해야 한다. 그런 태도를 선택하고 유지하는 것이 훨씬 더 재미있고 흥미로울 뿐만 아니라 항상 새로운 수준의 성취에 도달하도록 해준다.

우리는 삶이나 일에서 탁월함을 추구하는 원동력을 가지고 태어나지 않는다. 그런 특징은 배움이나 경험 또는 둘 다에서 나온다. 하지만 우리는 활력과 호기심을 가지고 태어난다. 이런 특징이 큰 기대와 합쳐질 때 놀라운 결과가 나올 수 있다. 큰 기대가 있어야 더 열심히 노력하고 자신의 모든 것을 쏟아붓게 된다. '이만하면 충분하다'라는 마음가짐은 절대로 성공으로 이끌어주지 않는다.

성공을 기대하는 태도, 좋은 일이 일어나리라고 기대하는 태도에는 미래의 사건에 영향을 끼치고 놀라운 우연을 한데 모으는 신기한 힘이 있다. 올바른 사람들이 올바른 시간에 나타나고 주변 사람들이 갑자기 우리의 태도와 아이디어에 영향을 받아서 사기가 올라가고 탁월함과 성공에 대한 생각이 전염된다.

훌륭한 태도는 놀라울 정도로 전염성이 강하다. 회사 또는 조직 전체에 퍼질 수도 있다. 윗선의 태도가 훌륭하면 그 훌륭한 태도가 조직 전체에 퍼져 있을 것이다. 직급에 상관없이 모두가 맡은 일에 필요 이상의 노력을 쏟아붓는다.

한 미국인 여성이 파리의 고급 레스토랑에서 맛본 라구 스튜에 깊은 인상을 받고 요리사에게 레시피를 알려달라고 부탁했다. 요리사는 기꺼이 알려주었다. 몇 년 후 그녀는 그 레스토랑을 다시 찾아 요리사에게 레시피를 똑같이 알려주지 않았다고 화를 냈다.

"여기에서 먹은 것처럼 맛있지 않았어요."

요리사는 레시피를 다시 확인해주었다. 그녀가 그대로 똑같이 했다고 말하자 요리사는 그녀를 잠시 바라보더니 말했다.

"부인은 가장 중요한 재료를 빠뜨렸을 겁니다. 자신의 모든 것을 쏟아붓지 않았을 거예요."

무슨 일을 하든 훌륭한 태도는 차이를 만든다. 미식축구 리그 역사상 가장 위대한 쿼터백 중 한 명으로 평가받는 로저 스토백Roger Staubach이 어느 날 아침 전화를 걸어 집필 중인 책의 추천사를 써줄 수 있는지 물었다. 스토백과 댈러스 카우보이스팀의 오랜 팬인 나는 기뻐하면서 단번에 승낙했고 책 원고를 보내달라고 부탁했다. 나중에 우리는 그가 팀을 어떤 식으로 이끄는지에 대한 이야기도 나누었다.

스토백은 그의 자세와 표정, 목소리, 전략 지시, 전체적인 태도에서 나타나는 승리의 마음가짐이 팀의 사기를 북돋우는 데 그 무엇보다 큰 역할을 한다고 설명했다. "스포츠는 대부분 정신 게

임입니다."라고 그는 말했다. '사람은 생각하는 대로 된다'는 원리는 성공과 실패에도 적용된다.

인생도 게임이고 여러 면에서 미식축구나 골프, 테니스와 비슷하다. 사실상 인생의 모든 것이 정신 게임이다. 태도는 마음의 방향을 지시하고 마음은 우리가 나갈 방향을 알려준다. 하지만 그 무엇보다 성공과 실패를 크게 좌우하는 것은 우리의 태도다. "할 수 있다!"는 말과 생각이야말로 그 무엇보다 많은 것을 가능하게 한다.

우리의 태도는 주변에도 큰 영향을 끼친다. 심지어 동물들에게도 영향을 미칠 수 있다. 예를 들어, 말은 타는 사람의 태도에 영향을 받고 그에 따라 반응한다. 마치 우리가 내보내는 기운이나 진동이 주변에 영향을 주는 듯하다. 특히 여성들은 타인의 기분이라든지 뿜어 나오는 분위기에 민감하다.

우리는 누군가에게 좋은 느낌을 받거나 초조함이나 불편함, 심지어 껄끄러움을 느끼기도 한다. 남편들은 아내가 처음 만난 사람에 대해 "믿음이 가지 않는다. 어딘지 수상쩍은 느낌이 든다."라고 말하는 것을 들어본 적이 있을 것이다. 결국 그 평가가 옳았음을 확인하게 될 때가 종종 있다.

나는 좋은 태도로 일하는 웨이터나 웨이트리스에게 팁을 더

주게 된다. 그들의 친절하고 유쾌하고 긍정적인 태도는 별로 맛없는 음식이나 다른 실수들로 인해 즐거워야 할 저녁 식사 시간이 망가지는 것을 막아준다. 만약 그들의 태도가 그저 그렇거나 아주 나쁘다면 이야기가 달라졌을 것이다. 수입을 부분적으로 팁에 의존하는 서비스직에서 일하는 사람은 태도만 개선해도 수입이 두 배로 늘어날 수 있다. 고객들의 불만도 크게 줄어들 것이다.

하루를 성공적으로 보내는 법

우리는 대부분 중립적인 태도로 하루를 시작하고 우연히 마주치는 외부의 자극에 태도와 기분이 정해지기 마련이다. 만약 일이 순조롭게 풀리고 날씨도 좋으면 긍정적인 태도가 된다. 일이 잘못되거나 춥고 비 오는 날씨에는 태도도 영향을 받는다. 태도의 중요성과 영향력을 이해하지 못하면 자신의 태도를 외부 요소나 타인의 손에 맡기고 살아간다. 자기주도적인 삶이 아니므로 만족도가 떨어질 수밖에 없다.

암울한 환경에서 살아가는 사람들은 불리하다. 그들에게는 긍정적인 기대와 행복한 태도를 가능하게 해주는 것이 하나도 없다. 대부분의 대중교통이 얼마나 우울한 분위기를 풍기는지 생각해보라. 하루의 시작과 함께 기대가 바닥까지 떨어진다. 미국 동부의 대도시들에 가보면 쉽게 볼 수 있는 풍경이다. 하루 내내 그 기대가 현실로 나타난다. 태도는 물론이고 표정과 자세에서도 광고하듯 낮은 기대가 드러난다. 손님들이 비행기에 탑승하기 시작하자 승무원이 동료에게 소곤거린다. "아, 진상들이 몰려온다!"

하지만 모든 하루는 성공과 모험의 기회로 가득하다. 긍정적인 기대를 품은 사람에게 어떤 우연과 행운이 다가올지 아무도 모른다. 만약 오늘이 인생의 마지막 날이라는 사실을 안다면 갑자기 하루가 더없이 달콤하고 소중해진다. 다채로운 색깔과 흥미로운 얼굴과 소리가 넘쳐난다는 사실을 깨닫는다! 다른 사람들에게 서비스를 제공하고 하루의 일분일초를 경험한다는 것이 너무도 멋진 일처럼 느껴질 것이다.

몇 명의 미국인이 이란에 몇 달 동안 인질로 잡혀 있다가 미국으로 돌아온 일이 있었다. 그때 그들의 표정과 비행기에서 내리자마자 활주로 바닥에 입 맞추던 모습이 기억난다. 자유를 되찾고 집으로 돌아왔다는 사실에 감격한 것이었다. 이란에 11개월 동안이나 갇혀있다가 기적적으로 탈출한 특파원 레빈 씨는 미국 땅을 밟자마자 소리쳤다.

"나는 미국인으로 다시 태어났다!"

한동안 빼앗긴 자유를 되찾았으니 얼마나 달콤하겠는가! 하지만 사람들은 매일 주어진 하루를 그저 당연하게 생각하고 "당하기 전에 내가 먼저 선수를 쳐야 한다."라는 방어적이고 원한이 가득한 태도로 살아간다.

태도의 변화가 어떤 영향을 끼치는지 알면 실제로 많은 이들이 다시 태어난 기분을 느낀다. 다시 태어난 미국인, 다시 태어난 캐나다인 등. 태도가 변하면 자유를 자신이 원하는 성공으로 바꿀 수 있다. 아무리 별것 아닌 것처럼 보이는 직업이라도 우리가 원하는 성공과 위대함의 기회가 숨겨져 있다. 하지만 눈을 반짝이며 드러내는 기대가 있어야만 보인다. 그런 태도는 대다수의 직업을 가린 평범함의 커튼을 젖히고 그 안에 든 가능성을 드러낸다.

우리는 지구별에서 잠깐 휴가를 보내고 있는 것이나 마찬가지다. 우리는 축복받은 이 초록별에 갑자기 나타나서 다른 이들과 삶을 공유하게 되었다. 이곳에서 시간을 보내다 불가사의한 곳으로 돌아간다. 그러니 이곳에 머무는 시간을 최대한 즐기자. 그러려면 지혜로운 소크라테스의 조언처럼 언제나 자신을 살펴봐야 한다.

내가 삶의 여정을 위해 갖춘 가장 뛰어난 능력이 무엇인지 알아야 한다. 그 어떤 핑계로도 피해 갈 수 없는 일이다. 좋아하는 일을 하면서 주어진 시간을 최대한 활용하고 싶은 마음은 누구나 똑같으니까. 잘할 수 있는 일을 찾으면 지구별에서의 휴가가 더 흥미롭고 보람 있다.

물론 살아가는 동안 큰 슬픔도 있을 것이다. 하지만 세상의 모든 문제와 불행을 짊어지려고 할 필요는 없다. 헛된 일이다. 그저 내가 살아가는 세상을 밝게 만들기 위해 최선을 다하면 된다. 봉사에 헌신하는 동안 최선을 다해야 한다는 것이 우리가 이 여정에서 맡은 의무다. 나머지 시간에는 사랑하는 사람들과 함께 삶을 공유하며 즐길 수 있다.

당신은 어디에 살기로 선택했는가

아내와 나는 캘리포니아의 카멜에서 여러 해를 살았다. 내 일이 읽기와 연구, 글쓰기인 만큼 어디에 사는지는 그렇게 중요하지 않다. 하지만 캘리포니아의 몬테레이Monterey 반도에 와본 적 있는 사람들은 카멜이 지구상에서 가장 아름답고 쾌적한 동네라고들 한다.

해마다 수많은 이들이 몬테레이와 카멜, 페블 비치, 퍼시픽 그로브를 방문한다. 그들은 절경을 자랑하는 해안 도로 코스인 '17 마일 드라이브'와 미국에서 가장 아름다운 해안선의 숲에 자리 잡은 매력적인 마을 카멜을 즐긴다. 골프를 사랑하는 사람들은 여러 해 동안 세계에서 가장 흥미롭고 아름다운 골프장으로 평가받는

페블 비치 골프장에서 TV로 중계되는 그 유명한 빙 크로스비 골프토너먼트Bing Crosby Golf Tournament를 시청한다.

다이애나와 나는 자주 세계 곳곳을 여행하는데 여행지에서 만나는 사람들은 우리가 카멜에 산다고 하면 그렇게 아름다운 곳에서 살다니 정말로 행운이라고 말한다. 마치 우리가 거대한 우연에 의해 카멜에 살게 된 것처럼 말이다. 하지만 우리가 카멜에 사는 이유는 그곳에서 살기로 선택했기 때문이다. 뛰어난 경치와 쾌적하고 시원한 여름 날씨 때문이다. 그런데도 사람들은 "정말 운이 좋으시네요."라고 말한다.

물론 우리가 놀라울 정도로 운이 좋은 것도 사실이다. 하지만 카멜에 사는 것은 변덕스러운 우연의 결과가 아니라 우리의 계획이다. 우리는 플로리다 남서부에도 집이 있는데, 그곳에서는 배를 타고 나가 낚시도 즐기고 주변 바다를 둘러볼 수도 있다. 우리 부부는 지구별에서의 휴가를 마음껏 즐기고 있다.

당신은 어떤가? 당신은 스스로 선택해서 지금 그곳에 살고 있는가, 아니면 부모가 그곳에서 살기로 선택했기 때문인가? 당신의 휴가인가, 그들의 휴가인가?

미국, 캐나다 등 현재 어디에 살든 당신은 가장 운이 좋은 사람이다. 자유와 자신만의 공간, 풍요로움이 있기 때문이다. 하지만 이 지구별에서 보내는 당신의 휴가를 책임지려면 그 시간을 어디에서 보낼지 스스로 결정해야만 한다.

당신은 어디에 사는가? 거기에서 무엇을 하는가? 지구별에서의 휴가와 같은 삶에 대한 당신의 태도는 어떤가? 이 세상에 위대함의 씨앗이 숨어있지 않은 직업이 하나도 없는 것처럼 그런 기회를 제공하지 않는 공동체도 없다.

세상에는 볼 것도 할 것도 너무 많다. 시인 로버트 프로스트 Robert Frost는 "잠들기 전에 내겐 지켜야 할 약속이 있네, 아직 가야 할 먼 길이 있네."라고 적었다. 그가 쓴 시에는 "행복은 모자란 부분을 채워가는 것"이라는 제목도 있다.

삶을 지구별에서의 휴가라고 생각하면 살아가는 태도가 바뀐다. 삶은 생존이라는 방어적인 기분이나 태도에서 자신과 세상에 대해 알아가는 행복한 탐험이라는 태도가 된다. 사람은 할 일과 봉사할 방법을 스스로 선택함으로써 자신의 가치를 결정한다.

나는 인생의 23년을 시카고와 그 주변 지역에서 살았다. 시카고는 두말할 것도 없이 기회의 도시다! 예전에도 그랬고 지금도 여전히 활발하게 돌아가는 도시이자 세계적인 기회의 중심지다. 그리고 시카고처럼 흥미로운 인구 계층이 다양하게 살아가는 도시도 드물다. 그곳은 소우주이고 태양 아래 모든 소비자가 그곳에 다 있다.

사람이 사는 곳이면 어디든지 기회가 있다. 특히 오늘날에는 통신 기술의 발달로 어디든 선택한 곳에서 살 수 있다. 당신은 선택해야 한다! 캘리포니아주 위드, 클리블랜드, 플로리다, 아칸소주 오일 트로프, 애리조나주 노웨어 등 당신이 어디에 살기로 선택했든 당신은 광고를 통해 수백만 명에게 도달할 수 있다.

그리스 섬이나 이탈리아 리비에라에 사는 것은 어떨까? 이탈리아 포르토피노도 아름답다. 몇 년 동안 해외에서 살고 싶다고 생각해본 적 있는가? 세상에서 가장 큰 기회는 당신이 있는 바로 그곳에 있다.

노란 리갈 패드를 들고 자리에 앉아서 메모하자. 자신이 지구별을 여행하는 태도가 어떤지 태도를 살펴보자. 평소에 당신이 평범한 하루를 보내는 태도가 어떤지 친구들에게 물어보자. 아이들이나 아내 또는 남편에게도 물어본다.

지구는 당신이 태어나기 전 수십억 년 전부터 여기에 있었고 당신이 죽은 후에도 수십억 년 동안 계속 이 자리에 있을 것이다. 당신은 지구별에 잠깐 여행 온 것이다. 삶도 이곳에 잠시 머무는 동안 주어질 뿐이다. **당신은 다른 사람들에게 봉사하는 만큼, 세상에 베푸는 만큼, 행복해진다.** 태도의 중요성은 두말하면 잔소리다.

"개인의 성공과 실패에서 태도는 어떤 역할을 하는가?"라는 질문은 "히말라야에서 화강암의 역할은 무엇인가?" 또는 "태평양에서 H2O의 역할은 무엇인가?"라고 묻는 것이나 마찬가지다.

성공에는 태도가 거의 모든 것이고 나머지는 당신이다.

✦ **인생의 진리 ⑥** ✦

태도가 당신의 인생을 결정한다.

◆ 7장 ◆

포기하지 말고
계속하라

Earl Nightingale

나는 인내심이 꽤 뛰어나다고 자부했다. 26년 동안 하루도 빠짐없이 라디오 방송 원고를 썼으니 약 9천 편을 썼고 630만 단어를 한 번에 한 단어씩 연구하거나 생각한 후에 타자기로 옮겨서 방송을 위해 녹음을 했으니까 말이다. 어쨌든 요행을 바라는 사람이라는 꼬리표는 나에게 맞지 않는다. 하지만 그런 나조차도 다이애나의 끈기에 비하면 유치원생이나 다름없다. 다이애나는 그야말로 강한 집념의 여인이다. 이런 두 사람이기에 우리는 아무리 어려운 목표를 세워도 이루기 위해 군말 없이 노력한다.

영화에서 영웅이 마지막 남은 힘까지 쥐어짜 사막을 기어가서 깨끗한 물이 넘쳐나는 오아시스를 발견하거나 낙타를 탄 무리를 만나 마을까지 공짜로 얻어타고 최후의 승리를 거머쥐는 모습을 본 적 있을 것이다. 현실에서도 마지막 남은 힘을 발휘해 한 번더, 한 번만 더 해보는 끈기가 승리를 가져다줄 때가 많다.

"세상에 그 무엇도 인내를 대신할 수 없다."

30~40년 전에 인기를 끌었던 에세이에 나온 이 말을 기억하는가? 올바른 목표를 향해 나아가고 있다는 확신이 있다면 정말로 세상에 그 무엇도 인내를 대신할 수 없다.

1950년에 시카고의 CBS 방송국이라는 편안한 직장을 그만두고 WGN에서 나만의 프로그램을 시작했을 때, 광고 대행사들을 찾아가서 라디오 광고를 판매하는 것도 내가 할 일 중 하나였다. 밤에는 다음날 방송 원고를 쓰고 아침이 되자마자 광고 대행사를 방문해 그들의 고객들이 내 일일 라디오 방송에 광고를 해야 하는 이유를 열심히 설명했다.

나는 시카고 시장에서든 어디서든 전혀 알려지지 않은 인물이었다. 방송 시간도 매일 오후 15분에 불과했다. 잠재 고객들은 "사양합니다. 당신이 진행하는 프로는 '드라이브 타임(하루 중 많은 사람들이 차를 운전하는 시간대-역주)' 프로가 아니잖아요."라는 말로 거절했다. 사실 말도 안 되는 상투적인 이유였다. 시카고에는 언제라도 도로와 고속도로에 수많은 차량이 지나다니고 총 6개 카운티로 이루어진 도시는 집에서 라디오를 듣는 사람도 무수히 많았기 때문이다.

그런데도 항상 돌아오는 대답은 똑같았고 나는 거절에 익숙해졌다. 매일 광고 대행사를 방문하고 아무런 수확도 얻지 못한 채 트리뷴 타워Tribune Tower에 있는 작은 사무실로 급하게 달려가 방송을 준비하고 빨간불이 켜지면 밝은 척해야만 했다!

그런 나날이 몇 달 동안 이어지자 조용하고 에어컨도 있는 CBS 스튜디오에서 가끔 목 운동이나 하면서 아무런 걱정 없이 지낸 시간이 그리워지기도 했다.

그럴 때마다 속으로 다짐했다. '끈기 있게 계속하자.' 한 번은 어느 고층빌딩의 남자 화장실에서 소리 내어 말하는 바람에 옆에 서 있던 신사가 깜짝 놀랐다.

"뭐라고 하셨죠? 잘 못 들었는데."

"네? 아, 아닙니다. 그냥 혼잣말이었습니다."

창피했지만 정말로 중요한 말이었다. "끈기 있게 계속하자!" 끈기 있게 계속 버텨서 시카고 광고계의 관심을 받을 수 있다면 내 프로그램도 성공할 수 있을 터였다. 춥고 눈 내리는 아침과 덥고 습한 여름날에 몇 번이고 스스로에게 말했다. "끈기 있게 계속하자."

방송은 그냥 땡땡이치고 골프나 치러 가거나 공원의 호숫가를 산책하고 싶어지는 가슴 시릴 정도로 날씨가 좋은 날에도 그렇게 자신을 다독였다. 계속 광고 대행사의 문을 두드리면서 "라디오 광고는 우리랑 잘 안 맞아요."라는 말을 들었지만 포기하지 않았고 방송도 계속했다.

나는 그들에게 이렇게 말했다.

"'라디오 광고는 우리랑 안 맞다'라는 말은 사령관이 '탱크는 효과가 없다' 또는 '공습은 효과가 없다'라고 말하는 것과 같습니다. 유능한 사령관은 이용할 수 있는 모든 수단을 최대한 이용할 것이고 유능한 광고사 임원도 마찬가지입니다. 라디오 광고가 귀사와 안 맞는다고요? 무슨 라디오, 어떤 라디오 말씀이신가요? 어떤 성격의 프로 말인가요?

미국에서 라디오 방송은 큰 성공을 거두었고 매우 광범위하고 보편적입니다. 분명 귀사와 잘 맞는 라디오 프로가 하나쯤은 있을 겁니다. 시카고에서는 제 프로가 귀사와 잘 맞을 겁니다. 적은 비용으로 몇 배의 매출을 올려 효과를 증명해드리겠습니다."

광고 대행사 임원과의 논쟁에서 이겼지만 광고를 따내지는 못했다. 광고 대행사의 임원은 라디오 광고가 효과가 없다는 주장을 철회하지 않았다. 그랬다가는 합리적이고 유연하며 지적인 광고사 임원으로 보일 염려가 있었으니까. 볼만한 광경이 펼쳐질 터였다.

내가 오랫동안 찾아 헤맸던 성공의 비밀이 담긴 나폴레온 힐의《생각하라 그리고 부자가 되라》를 발견한 것은 미시건 애비뉴에 있는 오래된 서점 크로치스 앤 브렌타노스Kroch's and Brentano's에서였다. 나는 그 책을 들고 서점으로 가서 설립자 아돌프 크로치Adolph Kroch과 직접 독대했다.

"제 라디오 프로그램 광고를 사주시면 제가 이 책을 수천 권 팔아드리겠습니다."라고 했다.

"라디오 광고를 이미 시도해봤지만 효과가 없었습니다."그가 대답했다.

"제 라디오 프로를 라디오 광고 자체와 동일시하지 마세요. 제 프로는 이 책은 물론 당신의 서점에서 파는 다른 책들에도 효과가 있을 겁니다."

"그럼 이렇게 합시다. 당신이 책을 팔 때마다 한 권당 40센트를 주겠습니다."

통상적으로는 수수료를 받는 조건이 아니라 13주, 26주 또는 52주 단위로 광고 계약을 맺어야 했다.

"좋습니다. 그렇게 하죠."내가 말했다.

그 후 몇 주 동안 나이 지긋한 크로치는《바람과 함께 사라지다》이후로 책 주문이 그렇게 쇄도하는 것을 처음 보았다. 그는 수천 권이 팔린 책에 대해 1권당 40센트의 수수료로 상당한 금액을 수표로 써주면서 내 조언대로 라디오 프로 광고를 사지 않은 것을 후회했다. 그랬더라면 엄청나게 더 저렴했을 테니까.

물론 그는 곧바로 잘못을 바로잡았다. 나는 그에게 내 프로그램이 가져다준 효과에 대해 이야기하는 편지를 써달라고 했다. 전 세계 사람들이 마음의 결정을 내리기 전에 필요한 증거가 갖추어지자 그 후로 내 라디오 프로는 광고주들을 끌어들이기 시작했다. 하루에 15분에서 30분까지, 그다음에는 한 시간, 그다음에는 오후 한 시간과 아침 30분, 추가로 TV 프로 30분까지 모든 광고 시간이 꽉꽉 채워졌다.

나는 라디오 프로에서 내가 흥미롭다고 생각하는 것들에 대해 이야기했다. 책, 철학, 사람, 사건 등 제한도 없었다. 주제에 대한 나만의 유일한 법칙이 있다면 내가 흥미를 느껴야 한다는 것이었다. 나에게 흥미롭다면 대부분의 청취자들에게도 흥미로울 것이라고 생각했다. 내 생각이 옳았다.

오래전부터 나는 방송 산업이 시청자들을 과소평가하는 것에 대해 수치심을 느끼고 있었다. 라디오 청취자는 반복되는 뉴스와 날씨, 음악 이상의 것을 원한다. 라디오는 세상에서 가장 훌륭한 교육 기회를 제공하는 수단이며 법칙은 딱 한 가지뿐이다.

"흥미롭게 만들어라."

포기하지 않으면 인내의 열매를 얻는다

"끈기 있게 계속하자."라고 자신을 격려하던 내 습관은 열매를 맺었다. 끈기는 언제나 효과가 있다. 세상에는 슬럼프에서 벗어나기 위해 새로운 시도를 했다가 거듭되는 시련과 거절에 포기해 버리는 사람들로 가득하다. 더더욱 놀라운 것은 사업에 도전했다가 실패해서 후퇴하고는 다시 시도하지 않는 사람들의 숫자가 엄청나게 많다는 것이다.

사업에서 성공을 거두는 것이 스키나 피아노를 배우는 것보다 어려운 것은 당연하지 않을까? 당연히 처음에는 실패할 가능성이 크지만 (배움의 과정이다)그렇다고 포기의 이유가 되지는 않는다. 우리는 모든 실패로부터 중요한 것을 배운다. 승자와 패자의 차이는 포기하지 않는 끈기에 있다.

모든 좋고 유익한 일에는 '계속하는 끈기'가 필요하다. 실패한다고 세상이 끝나지 않는다. 만약 그랬다면 인간은 걷거나 말하거나 자전거를 타거나 공부하는 법을 배울 수 없었을 것이다. 어렸을 때는 실패를 당연한 부분으로 받아들이지만 어른이 되어서는 실패를 크게 의식하게 된다. 친구들이나 주변 사람들이 어떻게 생각할까 걱정한다.

끈기는 믿음의 다른 말이다!

수년 전에 시카고 루프 지역에서 택시를 탔다. 그 장소가 아직도 기억난다. 오른쪽에 마샬 필드 백화점이 있었다. 택시 기사는 역시나 택시를 운전하는 친구가 사업을 하려고 했다고 말했다.

"제가 말렸습니다. 새로운 사업의 95퍼센트가 실패하니까 전 재산을 잃고 빈털터리가 될 거라고요."

"그래서 친구분이 어떻게 되셨나요?" 내가 물었다.

"물론 계속 택시 운전하고 있죠." 기사가 껄껄 웃었다.

"혹시 새로운 사업의 95퍼센트가 망한다는 통계는 어디서 얻으신 겁니까?"

"네? 그걸 모르는 사람도 있나요?"

"신규 사업체의 95퍼센트가 실패한다는 건 잘못된 사실입니다. 하나 물어보죠. 기사분의 친구가 사업을 시작했다가 실패한다면 택시 운전일을 다시 할 수 있겠습니까?"

"물론이죠."

"그렇다면 친구분이 사업에 도전해서 손해 볼 것은 없지요?"

"돈은 좀 잃겠죠."

"하지만 성공했다면 어땠을까요? 만약 택시 운전에서 벗어나 사업가로 성공할 수 있었다면요? 마샬 필드나 시카고에 있는 모든 사업체의 창업자들처럼 말입니다. 그렇다면 기사분의 조언은 친구분을 위한 게 아닙니다. 친구분이 크게 성공할 수도 있었는데 그걸 막은 거니까요."

시끄러운 시카고의 루프에서 갑자기 크나큰 정적이 울려 퍼졌다.

"그런 식으로는 생각하지 못했습니다."

"친구에게 조언할 때는 생각이 필요하지 않습니다. 그냥 입만 열면 진부한 말들과 고정관념, 반쪽 진실들이 그냥 쏟아져나오니까요. 저도 어렸을 때 다 들어봤죠."

"손님도 사업을 하십니까?"

"예, 그렇습니다."

기사는 그저 고개를 저었다.

친구는 우리를 옆에 잡아둘 확실한 권리를 가지고 있는 것처럼 보이기도 한다. 우리를 새로운 고지로 끌어올려 줄 도전에 대한 잘못된 고정관념을 마구 내뱉기 시작한다. 하지만 진정한 친구는 그렇지 않다. 우리가 잘되기를 바라고 우리가 이룬 성취를 진심으로 자랑스러워하는 전혀 이기적이지 않은 친구들이 있다.

조언을 받을 때는 누구에게서 나온 조언인지를 잘 따져보아야 한다. 당신이 간절히 원하는 도전에 대해 조언해줄 자격이 있는 사람인가? 가장 좋은 방법은 주변에 굳이 말하지 말고 그냥 실행에 옮기는 것이다! 만약 실패하면 다시 시도하고 될 때까지 도전한다. 무언가를 하기로 마음먹고 진심을 쏟아붓는다면 분명 실행에 옮길 수밖에 없을 것이다. 계획과 연구, 자원 결집에는 약 일년 정도의 시간을 투자하는 것이 좋다.

분야를 막론하고 모든 성공 이야기에는 끈기와 인내, 집요함, 완강함, 집념이 있다. 끈기가 있으면 문제가 해결된다.

사회철학자 에릭 호퍼Eric Hoffer는 이렇게 적었다.

"성취보다 그럴듯한 구실을 찾는 일이 더 매력적이라고 느끼는 사람이 많다. 성취가 영구적으로 문제를 해결해주지 않기 때문이다. 우리는 매일 자신의 가치를 새롭게 증명해야 한다. 어제와 마찬가지로 오늘도 가치 있다는 것을."

"그러나 뭔가를 이루지 않아도 된다는 그럴듯한 핑곗거리를 찾으면 인생이 정체된다. 책을 쓰지 않거나 그림을 그리지 않을 구실을 찾았다면 최고의 책을 쓰지 않고 최고의 그림을 그리지 않을 구실을 찾은 것이다. 좋은 핑곗거리를 찾느라고 쏟는 노력과 그 과정에서 감내하는 형벌이 가장 큰 성취에 필요한 노력과 고뇌보다 클 때가 많다는 것도 놀라운 일은 아니다."

이 얼마나 맞는 말인가! 비슷한 장애를 가지고도 열심히 일해서 가족을 부양하는 사람과 돈을 구걸하면서 살아가는 사람을 본 적 있을 것이다. 장애가 한 사람에게는 더 열심히 노력해야 할 이유가 되고 다른 사람에게는 구걸할 이유가 되었다.

누구나 살면서 무언가를 하지 않을 편리한 핑곗거리를 댄 적이 한 번쯤 있을 것이다. 그래도 솔직히 대다수는 무조건 핑계 대는 삶을 살아가지는 않는다. 하지만 무조건 핑계 대기 바쁘고 능력에 훨씬 미치지 못하는 삶을 살아가는 사람들도 많다. 그들은 핑곗거리를 필사적으로 꽉 잡고서 홍수처럼 밀려오는 진실에 두 눈과 귀를 꽉 닫는다.

《맥스웰 몰츠 성공의 법칙: 부와 성공을 부르는 마음의 법칙 사이코 사이버네틱스》라는 책으로 명성을 얻은 성형외과 의사 맥스웰 몰츠Maxwell Maltz 박사가 같이 점심을 먹고 담소나 나누려고 내 사무실에 들렀다. 우리는 그가 가장 좋아하는 주제에 대해 대화를 나누기 시작했다. 바로 자신을 깊이 이해하고 건강한 자아상을 만들고 세상에서 자유를 찾는 방법에 관한 이야기였다.

내가 맥스 삼촌이라고 불렀던 몰츠 박사는 당시 72세였다. 그는 세계 곳곳을 다니며 강연하고 뉴욕으로 돌아와 수술을 집도하고 그 와중에 온갖 다양한 프로젝트를 시작하면서 그 어느 때보다도 바쁜 나날을 보내고 있었다.

그는 건전한 자아상을 만드는 새로운 습관을 길러주는 네 가지 중요한 단계를 발견했다고 말했다. 점심시간에 그의 이야기를 들으며 메모를 했다. 4가지 단계를 그가 말해준 순서 그대로 소개한다.

1. 조건 없이 타인을 용서하라.

조금이라도 앙금이 남은 사람들을 모두 용서하고 마음을 깨끗하게 비운다. 용서는 반드시 자신을 위해서, 마음의 평안을 위해서 해야 한다. 타인에게 증오심을 품으면 그들이 아니라 자신에게 상처를 준다. 의식 속에서 증오가 곪도록 내버려 두면 정말로 심각한 결과로 이어질 수 있다. 그러니 타인을 용서하라. 모두 다 용서하라. 이 첫걸음을 내디디지 못하면 나머지 단계는 실행할 이유가 없다. 아직 성숙하지 못한 것이니까.

2. 자신을 용서하라.

친절한 눈으로 자신을 바라본다. 그동안의 바보 같은 행동, 다른 사람에게 준 고통, 당혹감, 과거의 실수에 대해 자신을 완전히 용서한다. 역시나 마음을 깨끗하게 비운다. 거울을 보고 자신을 용서하라. 연습하면 해낼 수 있다. 물론 자신을 용서하는 것은 쉽지 않다. 우리의 가장 나쁜 비판자는 바로 자신이고 남보다 자신에게 더 가혹하기 쉬우니까. 하지만 원망은 아무런 도움도 되지 않는 파괴적인 감정이다.

3. 자신의 최대 장점에 눈을 돌려라.

몰츠 박사는 말했다.

"하루를 불만으로 시작할지 자신감으로 시작할지는 자신의 선택에 달려 있습니다. 가능하다면 자신감을 고르는 것이 현명한 선택이지요."

물론 살다 보면 잘 풀리지 않는 날도 있기 마련이지만 불만이 아니라 자신 감으로 하루를 시작하는 것이 여러모로 훨씬 더 낫다.

4. 자신의 속도로 가라.

다른 사람들이 무엇을 하고 있는지 무엇을 가지고 있는지는 신경 쓰지 말고 자신의 속도대로 나아간다. 당신의 속도는 다른 사람들의 속도와 다르다. 어떤 사람보다는 빠르고 어떤 사람보다는 느릴 것이다. 다른 사람은 신경 쓰지 마라. 다른 이들보다 앞서간다고 죄책감도 느낄 필요 없다. 남들에게 맞추려고 일부러 속도를 늦추는 사람은 바보나 마찬가지다. 자신의 속도대로 가라. 자신이 원하는 삶을 살고 벌고 싶은 만큼 벌고, 하고 싶은 것을 하라. 타인의 삶이 아닌 내 삶을 살아라. 다른 사람들이 그들의 삶을 어떻게 사는지는 신경 쓸 필요 없다.

그날 점심시간에 몰츠 박사는 이것을 건강한 자아상을 만드는 4단계라고 불렀다.

1. 타인을 용서하라.

2. 자신을 용서하라.

3. 자신의 최대 장점에 눈을 돌려라

4. 자신의 속도로 가라

훌륭한 의사의 훌륭한 조언이다.

사고나 전쟁으로 다친 사람들을 치료하는 성형외과 의사가 왜 자존감에 그렇게 관심이 많은지 궁금할 것이다. 몰츠 박사는 성형 수술이 필요한 사람들을 치료하면서 깨달았다. 선천적 또는 후천적인 몸과 얼굴의 흉터와 이상은 없앨 수 있지만 수술이 끝나고 회복된 후에도 일그러진 자아상은 그대로인 경우가 많다는 사실을 말이다. 그런 경우 수술은 실패한 것이다.

외형적인 변화만큼 그 사람의 내면이 바뀌지 않으면 흉터가 그대로 남은 것과 같다. 내면의 문제는 끈기가 필요한 부분이다. 새로운 사람으로 성장하고 점점 더 커지는 목표를 향해 달려갈 때는 밖의 변화만큼이나 내면의 변화에 주의를 기울여야 한다. 좌절이 계속되어도 포기하지 않고 계획대로 밀고 나가면 내면이 강해지고 얼굴에서도 성숙함이 드러난다.

꾸준함의 힘

나는 스파키라는 소년의 이야기를 우연히 알게 되었다. 스파키에게 학교 공부는 거의 감당하기 불가능한 수준이었다. 그는 중학교 때 모든 과목에서 낙제했다. 고등학교 때는 물리학에서 낙제 점수를 받았다. 그가 받은 0점은 학교의 역사를 통틀어 가장 낮은 물리학 점수라는 기록까지 세웠다. 라틴어와 대수학, 영어 수업에서도 낙제했고 운동 실력도 형편없기는 마찬가지였다. 어쩌다가 학교 골프부에 들어갔지만 그 해의 중요한 경기에서 즉시 패배했다. 패자부활전에서도 졌다.

스파키는 어린 시절 내내 사교성이 없는 편이었다. 관계를 맺는데 서툴러서 다른 학생들에게 미움을 받았다기보다는 아무도 그에게 신경 쓰지 않았다. 학교 밖에서 같은 반 친구가 인사를 건네면 화들짝 놀라곤 했다. 이성과의 관계가 어땠는지도 단번에 알 수 있을 것이다. 고등학교 시절 스파키는 거절당하는 것이 너무 두려운 나머지 여학생에게 데이트 신청을 한 적이 한 번도 없었다.

스파키는 낙오자였다. 그 자신도 학교 아이들도 다 아는 사실이었다. 그래서 그는 그냥 현실을 받아들였다. 만약 일이 잘 풀릴 운명이라면 알아서 잘 풀릴 것이고 그렇지 않으면 그냥 평범한 삶으로도 만족하기로 일찌감치 마음먹었다.

하지만 그런 그에게도 중요한 것이 한 가지 있었는데 바로 그림 그리기였다. 그는 자신의 작품이 자랑스러웠다. 물론 알아주는 이는 한 명도 없었다. 고등학교 졸업반 때 졸업앨범 편집부에 직접 그린 만화를 냈다가 거절당했다. 고통스러운 경험이었지만 그래도 스파키는 자신의 능력을 믿었기에 예술가의 길을 가기로 했다.

고등학교를 졸업하자마자 월트 디즈니 스튜디오에 편지를 보냈다. 그림 샘플을 몇 개 보내라는 연락이 왔고 만화의 주제도 제시되었다. 스파키는 제안받은 주제로 만화를 그렸다. 많은 시간을 들여서 그 작품은 물론이고 다른 그림도 완성했다. 마침내 디즈니에서 회신이 왔는데 역시나 거절이었다. 낙오자의 실패가 하나 더 추가되었다.

그래서 스파키는 자신의 이야기를 만화로 그렸다. 남들보다 뒤떨어지고 실패만 했던 어린 시절의 모습을 그대로 표현했다. 그 만화의 캐릭터는 곧 세계적으로 유명해졌다. 중학생 때 전 과목에서 낙제하고 그림도 계속 퇴짜맞은 그 스파키는 바로 신문 연재만화 〈피너츠Peanuts〉를 그린 찰스 슐츠Charles Schulz였다. 그 만화에는 연날리기와 공차기에 번번이 실패하는 소년 찰리 브라운이 나온다.

세상에 그 무엇도 끈기를 대신할 수 없다. 끈기 있는 사람은 반드시 있을 곳이 있다. 우리가 하는 모든 일에는 커다란 성공의 가능성이 들어있다. 여기에서 말하는 것은 성공만이 아니다. 수많은 사람이 찰리 브라운에게서 자신을 보았고 환호했다. 전 세계 어디를 가든 축구공을 낚아채는 루시가 있다. 사실 루시는 마음씨가 착하다. 그저 찰리 브라운의 기가 꺾이는 모습을 보는 것을 좋아할 뿐이다.

찰스 슐츠는 도저히 상상도 할 수 없었을 만큼 엄청난 성공을 거두었다. 마땅한 자격으로 정당하게 얻어낸 성공이었다. 어쩌면 그가 계속 실패한 이유는 마침내 해야 할 일을 찾았을 때 비로소 그의 재능과 유머가 온전해져서 큰 성공을 거둘 수 있었기 때문인지도 모른다.

요즘 우리는 즉시 만족감을 얻을 수 있는 사회에서 살고 있다. 마음에 드는 집을 선택하고 대출을 받아 집을 구매한 후에 천천히 갚아나갈 수 있다. 자동차와 가구, 옷, 보석도 마찬가지다. 인스턴트커피와 냉동식품까지 현대인의 삶에 놀라운 효율성을 더해준다. 하지만 세상에는 변하지 않는 것들도 있다. 무언가를 매우 잘하게 되기까지는 시간이 걸린다. 천문학적인 연봉과 보너스를 받는 최고의 운동선수들은 오랫동안 그 스포츠를 해왔고 그 시간이 쌓인 만큼 실력이 대단하다.

투자은행 드렉셀 버넘Drexel Burnham의 마이크 밀켄Mike Milken은 아직 39세밖에 안 되었지만 그가 일 년에 버는 돈은 보통 사람들은 물론이고 상위 소득자들까지 가늠하기 어려울 정도로 엄청난 금액이다(1985년에는 4천 만 달러). 그는 그만한 돈을 벌 자격이 충분하다. 일주일 내내 하루에 18시간 일하고 10억 달러 규모의 기업 인수를 성공시킨다. 그는 분명히 깊고 특별한 사명을 발견한 사명형 인간이다. 그에게는 이외의 것에 쏟을 시간이 없다. 오직 하나의 음으로 피아노를 연주한다.

"내가 원하는 삶은 아니야." 당신은 이렇게 말할지도 모른다. 나는 그렇다. 나는 골프도 치고 싶고 보트도 타고 싶고 여행도 하고 싶다. 돈을 버느라고 눈 돌릴 틈 없이 바쁘지 않고 돈 쓸 시간도 좀 있었으면 좋겠다. 하지만 일할 때는 열심히 하고 마무리 지을 때까지 끈기 있게 도전한다. 무엇보다도 나는 아내 다이애나와 함께 시간을 보내고 싶다. 아내와 함께 있으면 즐겁다.

이 모든 것을 즐기지 못하고 하루에 18시간씩 일만 하는 삶은 원하지 않는다. 하루에 6시간씩 타자기를 두드리거나 연구 자료를 뒤적거리면서 열심히 일하면 필요한 일을 다 할 수 있다. 종종 토요일과 일요일에도 일하지만 다른 관심사에 쏟을 시간이 많이 남아있다.

중간에 포기하는 대다수와 달리 끈기 있게 나아가는 사람만이 놀라운 성공으로 이어지는 문에 도착할 수 있다. 성공하기까지 얼마나 걸릴지 처음부터 아는 사람은 드물다. 분명 꽤 오래 걸릴 것이다. 성공에 이르는 길은 준비와 시험, 또 새로운 시험의 과정이고 성장과 교육의 과정이다. 따라서 흥미롭고 만족스러운 영역으로 들어가는 문을 통과했을 때 우리는 반복적인 도전으로 얻은 영광의 상처와 함께 성공 자격을 얻는다. 그야말로 자격이 충분해진다.

우리가 도전하든 하지 않든 시간은 흐를 것이다. 그러니 포기하지 않고 끈기 있게 버티고 도전하는 습관을 들이는 것이 좋다. 앞으로도 계속 시련이 나타날 테니까. 한번 성공한다고 문제가 끝나지 않는다. 문제는 삶의 필수적인 부분이다. **성공한 사람은 문제가 없는 사람이 아니라 문제를 해결하는 방법을 배운 사람이라는 사실을 기억하자.**

유명한 배우 존 하우스먼John Houseman은 80년대 초 금융 서비스 기업 스미스 바니Smith-Barney의 TV 광고에서 "이 회사는 돈을 법니다."라고 했나. 이것은 부자가 되는 전통적인 방법일 뿐만 아니라 유일한 방법이다.

흔히 사람들은 "나는 돈을 좀 만들어야 해!"라고 말한다. 돈을 만드는 사람들은 조폐국에서 일하는 사람들뿐이다. 그들은 아주 특별한 종이와 아주 특별한 잉크, 아주 특별한 조각 기술을 이용해 돈을 만든다. 그것이 그들이 생계를 유지하는 방법이다. 우리는 돈을 벌어야 한다.

"나는 일이 필요해."라고 말하는 대신 "나는 서비스를 제공하는 방법을 찾아야 해."라고 말하는 것이 나은 것처럼 "나는 돈을 벌어야 해."라고 말하는 것이 더 좋은 생각이다. 그러면 태도 자체가 바뀐다. 돈을 만드는 것이 아니라 벌어야 한다고 말하는 사람들은 정말로 필요한 돈을 버는 데 성공한다.

앞에서 이야기했듯이 WGN 시카고에서 처음 라디오 프로를 진행하게 되었을 때 광고 시간을 판매하느라 큰 어려움을 겪었다. 여기에서 주목할 점은 1950년 당시 TV가 아직 여전히 새로운 문물이었다는 사실이다. 그동안 TV는 오랫동안 매우 흥미롭고 중요한 매체로 자리 잡아 온 만큼 라디오 광고는 TV 광고의 그늘에 완전히 가려 빛을 보지 못하게 되었다. 하지만 라디오가 처음 나왔을 때도 비슷했다. "라디오만 있으면 뉴스를 공짜로 신속하게 얻을 수 있는데 누가 신문을 사려고 하겠어?"라는 반응이었다.

하지만 신문은 지금도 여전히 건재하며 라디오나 TV에서 찾을 수 없는 훌륭한 정보를 많이 제공한다. 마찬가지로 가장 흔한 매체인 라디오도 여전히 건재하고 잘 나간다. 라디오 방송국이 늘어났고 자동차를 운전하는 동안만 광고를 듣더라도 여전히 좋은 광고 수단이다. 하지만 라디오가 가진 힘은 그 이상이다. 광고의 효과는 광고의 품질에 좌우되는데 라디오 방송국도 마찬가지다.

텔레비전은 결코 '더 나은' 라디오가 아니다. 〈스카이 킹〉에 출연한 일이 떠오른다. 큰 인기를 누린 어린이용 라디오 드라마였는데 라디오라서 당시 텔레비전이라면 불가능했을 대담한 선택들이 가능했다. 한 에피소드에서 나는 제트기 날개에서 대악당과 싸우는 장면을 연기했다. 우리는 신발에 흡착컵을 착용했고 내 기억이 맞는다면 유능한 음향 효과 담당자 덕분에 수많은 어린이 청취자의 귀에는 정말로 제트기 날개에서 싸우는 것처럼 들렸다.

제트기가 높은 상공에서 포효하며 빠른 속도로 날았다. 커다란 제트기 엔진소리와 흡착컵이 탁탁거리는 소리를 배경으로 두 적이 치열한 싸움을 벌였다. 나는 교활한 적을 물리치는 데 성공했다. 물론 싸움이 끝나기 전에 마이크 월리스Mike Wallace가 출연하는 팬 피넛 버터 광고를 내보냈다. 그 제품은 광고 덕을 톡톡히 보았다. 당시 거의 모든 TV 프로는 생방송이었다. 우리는 방송이 나간 후 "TV에서 한 번 따라 해볼 테면 따라 해보라고 해!"라고 자신만만해했다.

이 글을 쓰는 지금 내가 진행하는 일일 라디오 프로는 미국, 캐나다, 멕시코 시티, 호주, 뉴질랜드, 남아공, 아름다운 바하마, 그 외에 수많은 지역 수백 개의 라디오 방송국에서 들을 수 있다. 수

년 전 내가 "끈기 있게 계속하자."라고 중얼거리지 않았더라면 불가능했을 것이다.

바로 며칠 전 괌 방송국에서 보낸 편지가 도착했다. 추수감사절을 맞이해 다이애나와 나를 초대하는 내용이었다. 라디오는 여전히 건재하며 세계 어디에나 있다! 포기하지 않고 라디오 방송을 한 덕에 1986년 봄에 라디오 명예의 전당에 헌액되었고, 이는 내 인생에서 잊지 못할 순간 중 하나다.

✦ **인생의 진리 ⑦** ✦

··

꾸준함을 이길 수 있는 것은 없다.

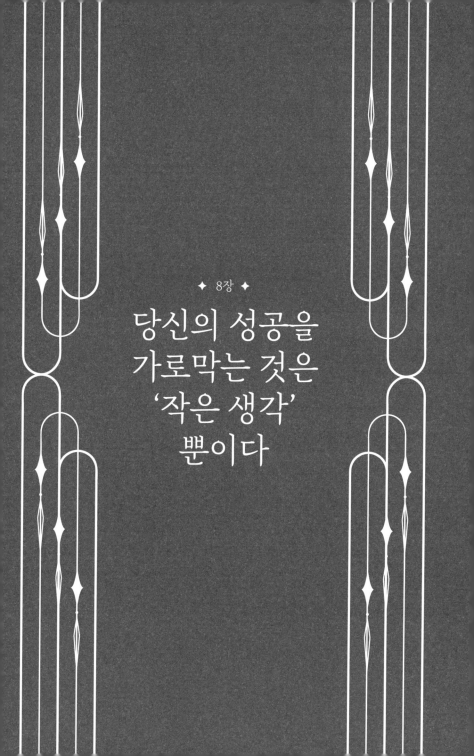

8장

당신의 성공을
가로막는 것은
'작은 생각'
뿐이다

✦

　기업가는 사업을 조직하고 운영하고 위험을 무릅쓰는 사람이다. 공연을 기획하는 단장impresario과도 비슷하다. 기업가를 뜻하는 entrepreneur는 옛 프랑스어에서 유래했다.

　기업가들에게 미국은 진정한 낙원이었고 지금도 그렇다. 미국과 그 영토에서의 모든 사업은 기업가적인 모험으로 시작되었다. 모든 회사 또는 그 모회사의 시작으로 거슬러 올라가 보면 그 회사의 소비자가 된 사람들의 욕구나 필요를 충족해주거나 충족에 도움을 주는 아이디어가 있다. 오직 인간만이 물건을 사거나 주문할 수 있다. 소나 닭, 돼지처럼 인간이 아닌 것들의 소비를 위해 구매하는 물건들도 마찬가지다.

　오늘날 IBM 같은 복잡한 다국적 기업을 보면 그 회사가 한 사람의 머릿속에서 시작되었다는 사실을 잊어버리기 쉽다. 사업을 시작하거나 시작하게 만드는 사람이 기업가다. 단장은 연예계에서 기업가가 사업에서 하는 일을 한다. 여흥의 성격이 강하거나 창업자는 물론 고객들과도 깊이 연결된 사업일수록 이 둘의 역할이 합쳐진 경우가 많다. 단장과 기업가는 모두 고객이 필요하다. 고객이 없으면 문을 닫아야 하는 것은 시간문제이고 투자는 실패로 끝난다.

기업가적 모험은 기업가 정신을 가진 이들에게 끝없는 매력으로 다가온다. 그들은 저마다 정도는 다르지만 모험심이 있으며 패배주의가 아닌 희망과 열정으로 가득한 낙관주의로 미래를 바라본다. 기업가는 사업을 시작하는 친구에게 "크게 성공할 거야." 라고 말하는 사람이다. 기업가가 아닌 사람은 "전 재산을 다 잃고 빈털터리가 될 거야!"라고 한다.

몇 년 전에 미국 대도시의 가장 성공한 사람들을 대상으로 실시된 설문조사에서 그들이 잃은 일자리가 그들의 성공에 큰 부분을 차지하는 것으로 나타났다. 이전 직장을 스스로 그만두었는지 아니면 해고되었는지는 중요하지 않았다.

어쩌면 그들은 설문지 항목 덕분에 그 흥미로운 사실에 대해 처음으로 생각해보았을 것이다. 예전에 자신과 가족들에게 그렇게 중요한 것처럼 보였던 그 직장에 계속 매달렸다면 지금 어떻게 되어있을지 생각하니 끔찍했을지도 모른다.

물론 그들은 모두 기업가는 아니었고 자신과 자신의 아이디어에 대한 믿음을 가진 사람들이었다. 아이디어는 어디에서나 성공의 징표라고 할 수 있다. 그들은 그들의 경력에서 중요한 변화를 추구한 바로 그 시기에 친구와 친척들로부터 기존의 일을 그만두지 말라는 선의에서 나온 조언을 받았다. 아이디어처럼 일시적이고 덧없는 것만 믿고 하는 모험이 얼마나 위험한지 일장연설을 늘어놓았을 것이다!

하지만 알다시피 좋은 아이디어는 일시적이거나 덧없지 않다. 우리가 살아가는 세상에서 가장 중요하다. 인간을 최고 수준의 성취로 끌어올려 주는 것도 바로 좋은 아이디어다. 아이디어는 문제를 해결하고 우리의 삶을 흥미롭고 보람 있고 덜 위험하게 해준다. 풍요와 일자리, 부, 안락함을 창조한다. 인간은 아이디어가 없으면 나무에 걸터앉아 서로의 털을 손질해주는 유인원과 다름없다.

지구상의 모든 생명체는 생존 기술을 사용한다. 거기에는 빠른 속도, 날카로운 발톱과 송곳니 등이 포함된다. 심해에 사는 어떤 물고기는 턱에 등불 같은 것을 달랑거리며 먹잇감을 기다리기도 한다. 인간은 신체적으로 특별한 생존 기술이 없지만 아이디어를 생산하는 뇌를 이용해 목숨을 지킬 수 있는 무수히 많은 방법을 찾아냈다.

미국은 세계에서 유일하게 건국헌장에 행복추구권이 언급되어있는 국가다. 좋은 삶을 영위하기를 원하는 사람들에게 다양한 선택권을 제공한다. 그중 하나가 아이디어와 성공에 대한 의지만으로 사업을 시작할 수 있는 권리다. 1986년에 사업을 시작한 미국인은 약 70만 명에 이른다. 위험을 무릅쓰고 사업에 도전하게 만드는 아이디어는 개인에 따라 다르다. 개인의 배경, 교육, 이전의 성취 수준, 포부 등에 달려 있다.

어떤 사람들에게는 성인용 서점을 여는 것을 의미할 수도 있다. 선량한 성인이라면 그곳에 있는 모습을 남들에게 들키고 싶지 않을 테니 성인용 서점이라는 완곡한 표현은 개인적으로 나를 짜증 나게 한다. 내가 이 예를 사용한 이유는 이것보다 더 낮은 인간의 욕망이 떠오르지 않기 때문이다.

기업가들은 인간의 필요보다 욕망을 다루는 경우가 많다. 나는 라디오 청취자들과 내 오디오 테이프 프로그램의 고객들로부터 여러 수준 낮은 활동으로 돈을 버는 이들이 이룬 커다란 부와 성공을 어떻게 정당화할 수 있느냐고 묻는 편지를 받는다. 나는 그들에게 내가 가장 좋아하는 성공의 정의를 확인시켜준다.

"성공은 가치 있는 이상이나 목표를 점진적으로 실현하는 것이다."

가치 있다고 믿는 생각과 이상 또는 목표를 향해 나아가는 자기 주도적인 사람이라면 누구나 성공할 수 있다. 당신과 나는 포르노가 세상에서 아무런 가치도 없다고 느낄 수 있지만 실제로 가치 있다고 생각하는 사람들도 있다. 그들은 온갖 주장을 펼쳐 그들의 '믿음'을 뒷받침하려고 할 것이다. 그런 면에서 그들은 정의에 부합하므로 기업가라고 할 수 있다.

사람이 시작하는 사업의 유형은 그 사람의 마음과 사고방식을 반영한다는 사실을 보여주려고 내가 떠올릴 수 있는 최악의 예를 선택했다. 경제적으로 성공한 수많은 사람이 어떤 방법으로 수익을 올리는지는 수익이 발생한다는 사실만큼 중요하지 않다. 만약 경제적인 측면에서 계속 성공을 거둔다면 그들은 자신이 하는 일에 대해 잘 안다고 믿을 것이다. 그들이 제공하는 제품과 서비스에 대한 꾸준한 수요가 없다면 그렇게 많은 돈을 벌지 못할 테니까.

그리고 인간의 욕구는 사람마다 천차만별이다. 미국에서 거대한 성공을 거둔 불법 마약 사업이 좋은 예다. 보도에 따르면 플로리다에서는 불법 마약 거래가 관광과 오렌지 산업을 앞선다. 불법 마약 판매와 수출이 플로리다의 가장 큰 산업이라는 이야기다. 그 규모는 수십억 달러에 이르지만 세금은 한 푼도 내지 않는다. 그 검은 돈은 수많은 이들의 주머니로 들어간다. 결국 그들은 사람들이 원하고 기꺼이 많은 돈을 낼 의사가 있다면, 법망을 피해 갈 수만 있다면, 그 무엇이든지 수익성 좋은 사업이 된다고 생각할 것이다.

하지만 포르노 제작자와 마약상과 기업가적인 활동에 대해 이야기할 때 우리는 성공의 정의에서 '가치 있는'이라는 표현이 들어간다는 사실을 기억해야 한다. 그것이 가치 있는 사업이라고 생각하는가? 우리의 아이들과 아내들은 어떻게 생각할까? 당신은 마약상이나 포르노 제작자의 옆집이나 길 건너편 혹은 한동네에 살고 싶은가?

다행스럽게도 방금 언급한 예들은 미국의 기업가 활동에서 변두리 부분을 차지할 뿐이다. 대부분의 사람이 선택하는 사업은 정직한 일이다. 물론 짜증, 두통, 잠 못 이루는 밤, 긴 근무 시간, 낮은 임금을 비롯해 수많은 문제에 시달려야 하지만 말이다. 그리고 사업을 한다고 꼭 높은 수익이 보장되는 것도 아니다. 오히려 오랫동안 수입이 매우 적거나 전혀 없을 수도 있다.

5년이 걸리든, 15년이 걸리든 일단 사업이 성공하면 당신은 주도권을 쥐게 된다. 얼마만큼의 급여와 보너스를 받을 수 있는지 직접 결정하고 월급쟁이의 월급으로 충당해야 했던 부분을 대부분 회사가 부담할 수 있다. 보통 처음 시작한 사업으로 진정한 성공을 거두기까지는 생각보다 시간이 더 많이 걸린다.

아기를 갖기로 결정하는 것과 마찬가지로 어떤 일의 기한이나 고된 정도를 고려하지 않고 사업에 뛰어들 때가 많다. 하지만 괜찮은 아이디어가 있고 개인의 사고방식 또한 건전하고 봉사의 개념, 운영 자본, 제품이나 서비스의 지속적인 업그레이드의 중요성을 완전히 이해하고 콜럼버스의 끈기가 있다면 언젠가 분명히 가장 큰 경쟁력을 지닌 기업가가 되어있을 것이다. 아무리 높은 임원이라도 월급 받는 직장인으로서는 전혀 알지 못했던 독립이 가능해진다.

다국적 대기업에서 일하는 미국의 최고 경영자들은 보통 연봉과 특전, 주식옵션, 보너스로 대부분의 기업가보다 더 많은 돈을 번다. 하지만 기업가에게는 또 다른 이익이 주어진다. 바로 주도권이다. 사업이 진정한 성공 가도에 접어들고 행복한 확장 상태에 놓여있으면 기업가는 최고의 직원들을 고용해 운영을 맡긴다. 그러고는 하와이나 스위스 크슈타트Gstaad에서 휴가를 즐기거나 나이로비에서 골프를 치거나 세이셸에서 심해 낚시를 즐길 수 있다.

"사업으로 그만한 성공을 거두기까지 15년이 걸릴 수도 있다고요?"

그렇다. 하지만 당신이 베아트리스 푸드나 크라이슬러에서 일한다면 그런 성공을 거두기까지 얼마나 걸릴까?

"15년이나 20년, 아니면 절대로 불가능할 것이다."

그렇다! 15년이 걸리든 얼마든 성공에 이르는 길에 고통과 괴로움, 잠 못 이루는 밤만 있는 것은 아니다. 많은 기쁨도 있다. 자신의 아이디어가 실행되는 것을 지켜보는 기쁨이 있다. 아이디어와 노력이 경쟁에서 승리하는 것을 보는 희열을 느낄 수 있다. 주문과 함께 쏟아지는 돈을 보는 즐거움이 있다. 내 아이디어의 정당성이 입증되는 행복한 순간이다.

내가 CBS를 그만두었을 때 친구들은 바보 같은 짓이라고 뜯어말렸다. 나 대신 CBS에서 일하게 해준다면 불알 한쪽이라도 내놓을 남자들이 전국에 널렸다면서. 그도 그럴 것이 당시 나는 정상에 올라가 있었다. 세계적으로 유명한 시카고 리글리 빌딩으로 출근하며 아름다운 패널 장식에 놋쇠 테두리가 들어간 엘리베이터를 타고 일하러 갔다. 부유하고 유명한 사람들과 어깨를 나란히 했고 연봉도 업계 최고 대우를 받았다. 내가 뉴스나 최신 젤로 광고를 읽는 것을 수천 명, 아니 수백만 명의 청취자가 들었다. 와! 나는 정말 성공했었다! 그것도 겨우 28세의 나이에!

하지만 기업가에게는 아무리 고언을 해봤자 별 소용이 없다. 훌륭한 항해사였던 크리스토퍼 콜럼버스는 당시 세계 지도에 나온 이미 알려진 영역에만 머물며 일생을 유럽의 해안을 왔다 갔다 하면서 평화롭게 보낼 수도 있었다. 하지만 이미 알려진 바다 너머 미지의 바다에 "거기에 용들이 있다!"라는 전설이 들려왔다. 콜럼버스가 항해하기를 원했던 곳은 바로 그곳이었다. 모든 기업가가 항해하고 싶어 하는 곳이다.

도전을 두려워하지 마라

꼭 짚고 넘어가야 할 흥미로운 사실은 기존의 지도에는 이런 전설이 없었다는 것이다.

"여기에 무한한 탐험의 기회가 있다. 엄청나게 많은 금은보화도 당연히 있다. 이 경계 너머에는 낯선 인간들이 살고 있으며 대담하고 용감한 선원이 그곳을 발견하기만을 기다리고 있다."

하지만 미지의 땅이 정말로 그런 전설 그대로일지는 알 수 없는 일이었다. 당시 지도 제작자들은 미지의 것을 나쁘게 생각하는 경향이 있었고 지금도 조언자들은 그렇다.

어두운 지하실에 혼자 들어가는 아이들처럼 사람들은 어둠과 미지의 영역에는 밝은 세상에서는 상상할 수 없는 이상하고 무서운 생명체들이 살 것이라고 생각한다. 그렇게밖에 생각할 수가 없다. 본능이니까. 은행가, 공인회계사, 아내, 남편 등 많은 이들의 본성이다. 제발로 미지에 땅에 들어가는 건 "정말 멍청한 생각이야!"라고 할 것이다.

콜럼버스의 시대에 지구상에서 살아있는 용이 목격된 적은 단 한 번도 없었다. 용은 동화 속의 생명체였다. 하지만 용은 언제나 아직 알려지지 않은 땅에 살았다. 지도에 그렇게 나와 있었다.

따라서 훌륭한 사업으로 이어질 것 같은 아이디어가 떠오르면 (꼭 새로운 아이디어일 필요는 없다) 메모장에 잘 적어두고 의식적으로나 무의식적으로 생각을 해야 한다. 이리 돌리고 저리 돌려가며 모든 측면을 고려한다. 최악의 시나리오를 생각해본다. 만약 탄탄하고 좋은 아이디어라면 좋은 기업이 그런 것처럼 최악의 시기에도 살아남아야 한다. 불황 없는 사업도 있지만 많은 기업이 경기가 좋을 때보다 불황일 때 더 많은 매출을 올린다.

대공황이 가장 심각한 시기에 미국의 영화 산업은 정말로 큰 성공을 거두었다. 영화는 삶에 지친 사람들에게 잠깐이나마 웃음과 위안을 전해주었다. 그 당시 로스앤젤레스의 극장 앞에는 제복을 입고 흰 면장갑을 낀 태피사탕을 파는 유쾌한 상인들을 볼 수 있었다. 그때 먹었던 딱딱한 태피사탕이 얼마나 맛있었는지. 그 당시의 영화관들은 화려하고 웅장한 궁전 같았다.

미국의 가난한 사람들에게 영화관은 중세 시대에 고딕 양식으로 지어진 거대한 대성당을 대신했다. 게다가 공짜 음식까지! 토요일 아침에 관람하는 영화는 얼마나 흥미진진했던가! 해럴드 로이드Harold Lloyd가 양복을 입고 높은 건물 꼭대기에 달린 시계에 아슬아슬하게 매달려 있던 장면이 아직도 기억이 난다. 이 모든 것을 10센트에 즐길 수 있었다. 어른들은 15센트를 내야 했지만.

그리고 리글리의 풍선껌(처음에는 베이킹파우더를 사면 끼워주던 사은품이었다), 미니어처 골프, 모노폴리, 햄버거 가판대, 라디오가 있었다. 기업가들에게 얼마나 기회로 가득한 시간이었던가! 오늘날 세계적으로 내로라하는 많은 기업이 국가가 최악의 경제 침체를 겪고 있던 바로 그때 처음 시작되었다. 하지만 선택지가 있었는데도 다시는 볼 수 없게 된 기업들도 많다. 예를 들어, 자동차 회사들이 그랬다. 피어스 애로우Pierce Arrow와 레오 플라잉 클라우드Reo Flying Cloud 같은 회사와 자동차들은 기억의 저편으로 사라졌다.

당신을 기업가로 만들어줄 아이디어는 무엇인가?

안타깝게도 기업가가 되겠다는 결정은, 결혼을 하겠다고 결정하는 것과 마찬가지로 그 결정을 내린 당사자를 갑자기 더 똑똑하게 만들어주지 않는다. 유용한 정보를 열심히 피하면서 살아온 사람이라면 자기 사업을 하기로 했다고 과거에 힘들었던 성공이 갑자기 쉬워지지 않는다. 똑같이 힘들 것이다. 기업 활동은 규율에서 벗어나지 않는다. 오히려 정반대다.

예를 들어, 당신이 회계 업무에 애정이나 적성이 전혀 없는 창의성 뛰어난 천재 유형이라면 당신에게 부족한 능력을 갖춘 민을 수 있는 사업 파트너가 꼭 필요하다. 아니면 그런 서비스를 제공하는 최고의 업체를 찾아서 이용해야 한다. 아무리 지루하고 재미없어도 정기적으로 회계 업무를 직접 살펴봐야 한다. 무지는 실패에 대한 변명이 될 수 없다. 아무리 힘들어도 재무제표를 분석하고 미수금을 파악하는 방법쯤은 배워두어야 한다.

이 장의 시작 부분에서 미국은 언제나 기업가들의 낙원이었다는 말을 했다. 걱정과 괴로움을 안고 고군분투하는 무수히 많은 기업가에게 낙원이라는 말은 분명 쓴웃음을 짓게 하거나 부두에서 흔히 들을 수 있는 욕지거리를 내뱉게 할 것이다.

"그냥 직장에 계속 다닐 걸 그랬어! 빚이 15만 달러나 생기고 집과 차, 애완견이 담보 잡히고 집에 가면 아내와 장모의 잔소리가 끊이지 않는데 낙원은 무슨 낙원이람!"

한때 희망에 부풀어 첫걸음을 내디뎠던 수많은 기업에게 파산이 유일한 방법인 듯하다. 채권자들의 이익을 위한 구조조정이지만 사실 그렇게 큰 이익은 없다.

"미국의 방어선에서 안정이 보장되려면 해외 국가여야 한다." 많은 이들이 이렇게 말하고 나도 그렇게 투덜거린 적이 있다. 확실하게 보장되는 것은 없다. 기회와 보장을 혼동하면 안 된다. 안정이라는 끔찍한 단어를 아예 제거해버리는 것이 최선이다. 당신이 살아있는 한 안정 같은 것은 없다.

죽으면 안전하고 태어나지 않으면 안전하다. 살아있으면 불안정할 수밖에 없다. 생각해보라. 당신은 시간당 약 160만 킬로미터의 속도로 우주를 질주하는 작은 행성 안에 살고 있다. 공룡은 이곳에서 900만 년을, 한참 뒤늦게 등장한 인류보다 훨씬 더 성공한 생명체로 살아갔지만 단 몇 주 만에 멸종했다. 거대한 유성이 일으킨 먼지가 태양을 가려서 얼어 죽었다.

안정이라! 그런 건 없다. 기회는 있다. 기쁨은 있다. 사랑이 있다. 세상에는 우리가 하고 보고 경험할 수 있는 멋진 일들로 가득하지만 안정은 절대로 찾아볼 수 없다. 과연 수십억 년 역사의 우주에서 겨우 80년, 아니, 85년 남짓 사는 인간이 안정을 얻을 수 있을까? 대부분의 사람들이 찾는 안정은 대출을 받아서 산 집과 자동차다. 하지만 그런 것들은 언제든 내 손을 떠나갈 수 있다.

우리는 스스로에게 이렇게 물어봐야 한다. 적어도 한번은 생각해보는 것이 좋다.

"얼마나 짧든 길든 나에게 주어진 시간에 무엇을 하고 싶은가? 크게 성공하고 싶은가? 전 세계를 여행하고 바다가 내려다보이는 펜트하우스에 살고 유럽산 고급 차를 운전하고 힘차게 달리는 요트를 타고 스포츠 낚시를 즐기고 싶은가? 내가 떠올린 좋은 아이디어와 내가 가진 재능을 열심히 갈고 닦아서 시장에 내놓고 세상을 바꾸고 싶은가?

　만약 큰 돈을 벌 수 있다면 좋지. 그 누구보다 잘 쓸 수 있어. 하지만 나는 내 일을 할 때가 가장 행복해. 앞으로 평생 상사의 지시를 받으면서 일하고 싶지 않아. 타인에게 서비스를 제공하는 만큼 성공할 수 있으니까 나는 최대한 독립을 추구하고 싶어. 규모가 얼마가 되었든 대중이 나의 상사야. 내가 그들을 만족시키지 못하면 그들은 나에게 돈을 주지 않을 것이고 그러면 내가 원하고 필요로 하는 것들을 살 수 없어."

　아주 간단한 원리다.

　"하지만 주어진 시간이 길지도 않은데 '죽음까지 살금살금 안전하게 다가가면서' 보내고 싶은 사람이 있을까?"

　많다. 주어진 시간이 길든 짧든 대부분의 사람들은 경제적인 행복을 스스로 책임져야 한다는 생각으로 불안해한다. 그들은 꼬박꼬박 월급이 들어오기를 바란다. 업계 최고 기업들은 직원들이 아무런 불평 없이 월급을 받으며 일하고 싶게 만든다. 주요 인재들이 그렇다. 만약 그들이 모두 자기 사업을 한다면 경쟁이 엄청나게 치열해질 것이다. 경쟁은 리더를 따라가기로 선택했을 때만 존재한다는 사실을 명심하라.

　롤스로이스는 그 누구와도 경쟁하지 않는다. 메르세데스-벤

츠도 마찬가지다. IBM을 비롯해 업계 최고들을 한 번 보라. 그들은 경쟁에 대해 별로 신경 쓰지 않는다. 그들은 새로운 것을 만들어내느라 바쁘다. 선도적인 기업은 경쟁하는 것이 아니라 앞장서고 창조한다! 포겐폴 키친스Poggenpohl Kitchens나 베이커Baker 가구처럼 틈새시장을 개척한다.

내 회사는 경쟁사가 없다. 모방하고 따라 하는 이들은 물론 있다. 모방이야말로 가장 진심 어린 아첨이라고 할 수 있을 것이다. 아무튼 경쟁자는 없다. 창의적인 경영 방식과 중심을 잡아주는 팀이 있는 한 앞으로도 마찬가지일 것이다. 우리 회사는 〈포춘Fortune〉지에서 선정하는 미국 500대 기업 목록에서 볼 수 없다. 하지만 동종업계 최고의 기업이다. 이 산업을 우리가 개척했다. 27년이 지났지만 우리는 여전히 이 산업을 깃털이 막 돋아난 풋내기라고 보고 있다.

하늘의 파이(pie in the sky, 그림의 떡과 비슷한 표현-역주) 아니냐고? 우리 같은 기업이 사람들에게 항상 듣는 말이다. 하늘의 파이가 정말로 무엇을 의미하는지 아는가? 그것은 트럭 운전사가 트럭 휴게소로 다가갈 때 떠올리는 한 조각의 비전이다. 그것이 정말로 하늘의 파이에 불과한 시간은 아주 잠깐뿐이다.

머지않아 달콤한 꿀이 흐르고 사과 조각이 놓인 파이가 주방에 떡하니 놓여있을 것이다. "헬렌, 파이에 바닐라 아이스크림을 한 스푼 올리는 게 어때? 음! 맛있어!" 어느새 하늘의 파이가 달콤하고 맛있는 추억이 된다.

사람은 달콤한 비전을 현실로 만드는 경향이 있다. 그런데 비전을 달성하기 쉽도록 축소하는 사람이 대부분이다. 강력한 비전을 떠올리고 그것을 현실로 이루는 과정이 시작될 때는 그 사실조차 알아차리지 못할 때가 많다. 그 과정이 작은 사과 파이 한 조각에도 성공적이라면 그 무엇에도 효과가 있을 수 있다는 사실에 대해서도 깊이 생각하지도 않는다.

대부분의 기업가들은 사업을 시작할 때 대부분의 사람들이 일상생활에서 저지르는 것과 똑같은 실수를 한다. 무의식적으로 리더를 따라간다. 대다수의 방식이라면 옳은 방식일 것이라고 추측하는 자동적인 생각이 존재하기 때문이다. 왜 그럴까? 대다수의 사람은 커다란 성공을 거두지 않는다. 그런데 왜 우리는 그들과 같은 길을 따라가야만 성공할 수 있다고 생각하는 것일까? 이 사실에 대해 깊이 생각해보지 않는 이들이 대부분이다.

"만약 세상의 모든, 적어도 대부분의 모텔이 똑같이 생겼다면 내 모텔을 똑같이 짓는 것도 괜찮다고 생각한다."

"지금까지 본 철물점들이 저기 저 철물점과 똑같다면 내가 시작할 철물점도 저런 모습이어야 할 것이다."

약국, 미용실, 부동산 사무실, 이발소, 식료품점, 슈퍼마켓, 전자제품 매장 등 전부 다 마찬가지다. 같은 업종의 다른 사람들과 차별화되는 부분이 전혀 없으면 나보다 훨씬 앞서서 시작한 이들과 경쟁해야만 한다.

그것이 맥도날드, 버거킹, 웬디스 같은 패스트푸드 체인점의 성공 요인이었다. 그 체인점들이 들어선 소도시 지역에는 매력적이고 효율적인 개인 업체를 창업할 수 있는 두뇌나 창의성을 지닌 사람이 하나도 없다. 내가 그 사실을 잘 아는 이유가 있다. 플로리다주 남서쪽에서 캘리포니아주 카멜까지 그 먼 길을 운전해서 오는 동안 "대형 패스트푸드 체인점보다 더 맛있지 않다면 돈을 받지 않겠습니다."라는 안내문을 내세운 개인 패스트푸드 식당을 한 곳도 보지 못했기 때문이다.

일반적으로 덩치 큰 기업들과 경쟁하려고 하지 말라고들 하지만 잘못된 고정관념이다. 실제로는 동네의 잘 관리된 업체가 전국적인 체인점을 매번 이긴다. 동네 매장이 '지역' 매장으로 성장하고 전국적으로 뻗어나갈 수도 있다. 탄탄하고 훌륭한 업체로 성장해서 막대한 금액에 팔리거나 점차 전국적인 조직으로 확장될 수도 있다.

사람들은 "이봐, 잠깐만. 힐튼 호텔과 경쟁할 생각은 아니지?"라고 말한다. 하지만 수십 명이 힐튼 호텔과 경쟁했고 살찌고 윤택해졌다. 내가 말하고자 하는 요점은 로이드 코난트와 내가 오디오 출판에서 그런 것처럼 꼭 완전히 새로운 산업을 개척할 필요는 없다는 것이다. 호텔 체인 홀리데이 인을 설립한 월리스 존슨Wallace Johnson과 케몬스 윌슨Kemmons Wilson이 될 필요도 없다.

모방에서 성공은 시작된다

원하지 않으면 새로운 산업을 개척할 필요는 없다. 물론 끝까지 강하게 나아갈 수만 있다면 재미도 있고 수익성도 크지만 말이다. 대신 탄탄하게 잘 자리잡힌 기존 사업에 뛰어들어 좀 더 흥미로운 방법으로 개선할 수 있다. 모든 사업이 그렇다. 모든 사업에는 개선 가능성이 존재한다. 이미 훌륭한 광고가 존재하지만 앞으로 얼마든지 그보다 더 나은, 최고의 광고가 만들어질 수 있다. 당신이 얼마나 오랫동안 얼마나 열심히 일할 것인지가 중요하다.

나는 큰 성공을 거두었다고 말할 수 있는 미국 기업가들이 얼마나 많은지 알지 못한다. 몇 퍼센트인지는 더더욱 모르지만 분명 아주 적은 비율일 것이다. 앞에서 말했듯이 성공한 이들은 대부분 서로를 모방하고 있다. 그들은 자신보다 더 성공한 이들이 무엇을 하고 있는지 알아보려고 협회에 가입하고 회의에도 참석한다. 어쨌든 모방과 흉내가 여전히 큰 부분을 차지한다. 그러다 가끔 진정으로 독창적인 사람이 나타나 큰 성공을 거둔다.

플로리다의 작은 마을 푼타 고르다Punta Gorda에 있는 카페에서 아침을 먹고 있을 때였다. 그곳은 플로리다 남서부 해안에 있는 작은 마을인데 사라소타Sarasota에서 남쪽으로 약 80킬로미터, 포트 마이어스Fort Myers에서 북쪽으로 약 30킬로미터 떨어져 있다. 고요한 밤에 크래커를 먹는 소리가 들릴 정도로 오래된 마을이다.

골 진 지붕판이 달린 오래된 집들이 많고 벽돌로 된 거리가 있다. 그 카페는 특별할 것이 전혀 없었고 남부에서 흔히 볼 수 있는 수많은 카페의 하나였다. 그날 아침에 주인은 나에게 같이 앉아서 커피를 마셔도 되겠는지 물었다. 이미 식사를 마친 나는 괜찮다고 했다. 그가 연신 담배를 피워대서 짜증나기는 했지만.

"아침 식사 매출을 올리는 방법을 알려주시겠습니까?"

그가 말했다. 나는 가게의 메뉴판과 고객들을 이미 살펴본 후였으므로 이렇게 말해줄 수 있었다.

"아침 식사 매출을 크게 올리는 방법을 알려드릴 수 있을 것 같군요."

"그게 뭡니까?"

주인은 공짜 조언을 받는 데 익숙한 사람의 태평스러운 태도로 물었다.

"컨트리 햄과 달걀, 옥수수죽, 커다란 홈메이드 베이킹파우더

버터밀크 비스킷과 레드아이 그레이비를 함께 내세요."

그는 담배 연기 사이로 눈을 가느다랗게 뜨고 말없이 나를 바라보더니 잠시 후에 입을 열었다.

"우리 요리사가 찬성하지 않을 겁니다. 절대로 그러자고 하지 않을걸요!"

"요리사가 책임자라면 아침 매출을 올리는 방법을 왜 나에게 물어보는 겁니까?"

그는 미소 띤 얼굴로 고개를 젓더니 중얼거리면서 카운터로 돌아갔다.

"그녀가 절대 찬성하지 않을 거야."

나는 그곳의 요리사를 본 적이 없다. 어쩌면 그의 장모일 수도 있었다. 어쨌든 요리사가 레스토랑 메뉴에 대한 전권을 갖고 있었다. 그는 그 후로 다시 조언을 구하지 않았다. 그는 여전히 망하지 않을 정도로만 간신히 가게를 꾸려가고 있다. 나는 잠시였지만 그곳에 사는 것이 좋았고 먹을 만한 곳이 영 마땅치 않아서 친구 돈 도넬슨과 함께 사업을 벌이기로 했다.

우리는 다 무너져가는 낡은 부두를 수리해서 괜찮은 레스토랑을 지었다. 그 레스토랑은 아직도 영업을 하고 있다. 아름다운 바다와 항구 배경의 아름다운 전망이 플로리다주 그 어디에도 뒤지지 않는다. 근처에 갈 일이 있다면 들러서 점심이나 저녁 식사를 하기 바란다. 유리 엘리베이터를 타고 올라가면 얼 나이팅게일 레스토랑이 나온다. 분명 마음에 들 것이다. 요트들이 들어오거나 나가는 모습과 돌고래를 보면서 식사할 수 있다. 해가 저무는 모습은 눈물이 맺힐 만큼 감동적이다.

텍사스주 허스트Hurst(댈러스 포트 워스 메트로플렉스Dallas Fort Worth Metroplex의 일부분이다)에는 전미자영업자협회National Association for the Self-Employed, NASE라는 단체가 있다. 그곳에 따르면 미국 전역의 자영업자는 약 1천2백만 명에 이른다. 자영업자들은 기업가일까? 꼭 그런 것은 아니다.

만약 기업가의 정의가 사업을 조직하고 운영하고 사업에 따르는 위험을 감수하는 사람이라면 의사와 치과의사, 공인회계사, 변호사는 기업가가 아니다. 일부는 해당하지만 대부분은 그렇지 않다. 그저 전문적인 기술을 이용해 영업하는 전문직 자영업자들이다. 그중에는 엄청난 성공을 거둔 이들도 있지만 대부분은 꽤 안락하게 생활하며 일부는 어려움을 겪기도 한다.

NASE에 따르면 자영업자는 개인 병원을 운영하는 의사나 작은 변호사 사무실을 운영하는 변호사 등 5명 이하의 직원을 둔 사람이다. 부동산 중개업자, 재무설계사, 보험업자, 작은 상점 주인들, 이발사, 미용사 등도 전부 포함된다. 겉으로 그렇게 보이든 그렇지 않든 가게 주인은 기업가다.

브롱크스의 가게 주인에 관한 유명한 이야기가 있다. 어느 날 그가 차에 치여서 쓰러졌고 그를 잘 아는 동네 경찰관이 도와주려고 달려왔다. 경찰은 바닥에 쓰러진 그에게 코트를 덮어주면서 "스타인버그 씨, 편안하십니까?"라고 물었다. 그러자 주인이 "아뇨. 편안하진 않지만 그래도 여유롭게 삽니다."

나는 스타인버그 씨가 미국 가게 주인의 전형이라고 생각한다. 대개 그 가게는 주인에게 '넉넉한 생활'을 하게 해주는 생계 수단 이상의 역할을 한다. 가게는 그가 서비스를 제공하는 친구들과 동네 친구들에게 수다를 떨며 하루를 보내는 곳이다. 그는 그곳에서 날씨는 물론이고 메츠나 캔자스시티 로열스 또는 샌프란시스코 자이언츠의 부진에 대해 불평한다.

그가 자신에게 정체성과 존재 이유를 주는 사람들과 접촉하는 곳이다. 그는 은퇴를 고려하지 않을 것이다. 그에게는 불타는 욕망이나 마음을 잡아끄는 본능적인 목표가 없다. 그저 여유롭게 밥벌이하고 소득에 대한 세금을 내고 지방이나 전국 선거에서 한 표를 행사하고 건강을 지키기 위해 노력한다.

거기에는 아무런 문제가 없다. 전혀 문제 되지 않는다. 식료품점, 편의점, 신문 가판대, 카드, 잡화, 문구류와 사무용품 등 어떤 가게든 누구에게나 문이 열려있다. 전국의 도시와 마을에서 그런 가게가 매물로 나오는 것을 어렵지 않게 볼 수 있다. 주인이 세상을 떠났거나 병에 걸렸거나 건강이 나빠져서 가게를 팔려고 내놓은 것이다. 이미 잘 자리잡혀 있어서 한 가정이 먹고 살 수 있을 만큼 수익이 나온다. 대부분의 사람들이 그러하듯 소득에 생활 수준을 맞추면 된다.

하지만 생활 수준에 소득을 맞추는 것도 가능하다. 그것 역시 가능한 선택사항이다. 일단 어떤 삶을 살고 싶은지 결정하고 그런 삶에 어느 정도의 소득이 필요한지 알면 소득 목표가 생긴다. 그런 사람에게도 미국은 낙원이다. 왜냐하면 미국에서 (서구와 태평양 해역 민주주의 국가들도 마찬가지로) 하늘의 파이는 더 이상 소득 부문의 한계로 작용하지 않기 때문이다.

수입은 어떤 방식으로 고객에게 제품 및 서비스를 제공하느냐와 밀접한 관련이 있다. 하지만 더 높은 수입을 올리고 싶은 사람이라면 자영업으로는 충분하지 않을 것이다. 기업가가 되어야 하는 이유가 바로 여기에 있다.

꿈을 꾸면 현실이 된다

앞에서 말했듯이 모든 사람의 시작은 보잘것없었다. 그렇게 멀리 거슬러 올라갈 필요도 없을 것이다. 20년이나 30년 정도만 돌아보아도 충분하다. 만약 당신이 평균 수준보다 높은 소득을 원한다면, 상류층에 해당하는 생활 방식을 목표로 하고 있고 수입을 그 수준에 맞추고 싶다면 먼저 마음가짐부터 바꿔야 한다.

우선 당신은 그 길이 자신에게 열려있음을 알아야 한다. 원한다면 당신은 얼마든지 가장 높은 곳까지 올라갈 수 있으며 당신을 가로막는 계급 제한 같은 인위적인 장벽이 없다는 것을 믿어야 한다. 정말이니까.

그다음에는 긍정적인 기대를 연습하고 매일의 일부분으로 만들어야 한다. 꿈꾸기 시작한 성공이 시간의 문제일 뿐 반드시 현실로 이루어질 것이고 가족과 이웃, 친척, 학교 친구, 지인들의 방식에서 벗어나 커다란 부와 성취가 있는 특별한 영역으로 들어갈 것임을 알아야 한다. 그때까지 시간이 걸리겠지만 당신이 평범한 삶의 방식에서 벗어나 위로 올라가는 데 성공하든 실패하든 상관없이 어차피 시간은 흐르게 되어있다.

부와 성공을 이루어낼 자격을 갖춘 사람이 되려면 자신을 교육해야 한다. 사람은 생각하는 대로 되는 존재이므로 평범한 방식으로 생각하는 것을 멈춰야 한다. 당신이 꿈꾸는 성공은 평범하지 않다. 평범함을 넘어선 특별한 성공이다. 따라서 지금 당장부터 비범하게 생각해야 한다.

스스로에게 물어라.

"내가 스스로 선택한 삶을 살 수 있을 정도의 돈을 벌기 위해서 어떻게 하면 더 많은 사람에게 특별한 서비스를 제공할 수 있을까?"

모든 기업가는 자신의 사업체를 이끄는 사장이므로 최종적인 의미에서 직접적인 커미션을 받는다고 할 수 있다. 그들은 정해진 몫 이상을 가져갈 수 없다. 만약 그들의 공정한 몫이 연간 30만 달러라면 그 기업은 아주 많은 소비자를 상대해야 하거나 가격이 매우 비싼 제품을 팔아야 한다.

예를 들어, 당신이 요트를 60만 달러에 팔고 커미션으로 3만 달러를 받는다고 해보자. 30만 달러를 벌려면 요트 10대를 팔아야 한다. 아니면 개당 1달러의 마진을 올리는 제품을 30만 명에게 파는 방법도 있다. 미국 웬만한 도시의 전체 인구와 맞먹는 숫자다. 아무튼 두 가지 방법 모두 가능하다. 만약 매출을 두 배로 올릴 수 있다면 일 년에 NFL 최고 쿼터백이 받는 연봉의 절반에 해당하는 60만 달러를 벌 수 있다.

적어도 당신은 조상들이 돌도끼를 내려놓고 쟁기를 사용하기 시작한 이래로 집안에서 그 누구도 해보지 않은 생각의 노선을 따라가고 있다. 그 과정에서 당신의 내면은 큰 변화를 겪을 것이다. 마음에서 태도까지 모든 것이 평균에서 벗어나 새롭게 시작되어야만 하기 때문이다. 그 새로운 마음가짐에서 아이디어가 나오기 시작한다.

흥미롭게도 대부분의 기업가들은 그런 방식으로 시작하지 않는다. 대개 그들은 자신이 무언가에 대해 잘 알고 자기 생각이 옳다는 것을 증명하려는 시도로 출발한다. 기업가는 상사에게 새로운 방법을 강력하게 권고하는 직원에서 출발하는 경우가 많다.

상사는 자신이 가장 지혜롭다고 생각하므로 고개를 저으며 "아니, 그 방법은 실패할 거야."라고 거절한다.

그러면 미래의 기업가는 이렇게 말한다. "분명히 성공할 겁니다. 좋은 아이디어니까요. 업계에 혁명을 가져올 겁니다. 제가 해보죠. 제가 회사를 그만두겠습니다." 하지만 사업에 도전하는 결정이 그렇게 단번에 내려지는 경우는 드물다.

몇 달 동안 고뇌하고 새벽까지 배우자와 긴 대화를 나누고 친구들과 진지하게 상의하고 사업 자금을 마련하기 위해 동분서주하다가 마침내 최종 결정이 내려진다. 하지만 세계에서 가장 큰 성공을 거둔 기업들은 대부분 자신의 생각이 옳았음을 증명하기 위해 직장을 그만두고 사업을 시작한 직원의 결정으로 시작되었다. 그런 이들을 이끈 것은 부자가 되고 싶은 욕망이 아니었다. 상사에게 아이디어를 내고 설득하려고 애썼지만 조직의 틀에 가로막혀서 불가능했기에 아이디어를 직접 실행하고자 하는 뜨거운 열정이 그들을 이끌었다.

어느 날 회계사가 웃으며 그의 회사가 올리는 수익을 보여준다. 그는 자신이 부자가 되었다는 사실을 깨닫는다. 그와 그의 가족은 거실의 구멍 뚫린 카펫과 자동차가 한 대밖에 들어가지 않는 차고가 있는 집을 떠나 지역 사회에서 그의 새로운 위치를 제대로 나타내주는 좋은 동네로 이사한다. 이렇게 되기까지 보통 15년에서 20년이 걸린다. 하지만 우리가 살아가는 이 새로운 시대에는 그보다 훨씬 더 빨리 가능해졌다.

이 모든 것은 기업가가 특별한 이유를 말해줄 뿐이다. 기업가는 그를 변화로 이끌어줄 아이디어가 있다는 사실만으로 차별화된다. 그의 상사도 그렇고 다른 모든 사람은 아무 생각도 하지 않고 평소와 똑같이 살아가는 것에 만족한다. 기업가가 아이디어에 몰두하는 것도 그를 차별화해주는 특징이다. 진부한 표현이기는 하지만 그는 확고한 신념을 가질 만큼 용기 있는 사람이다. 그는 자신이 옳다고 굳게 믿는다.

안정적인 직업을 걸고서라도 아이디어를 실행할 의지가 있다. 그렇기에 그는 다른 사람들과 다르다. 만약 그가 3M 같은 변화 지향적인 기업의 직원이라면 회사가 아이디어를 실행하고 성공시켜보라고 격려하고 필요한 인력과 자금을 지원했을 것이다. 그리고 아이디어가 예상대로 성공하면 조직으로부터 보상이 주어진다. 본인이 직접 회사를 차렸을 때 보상이 주어지는 것과 마찬가지다.

그는 조직 내의 기업가가 되어 다국적 대기업의 지원을 받으면서 앞으로도 계속 아이디어를 성공시켜나갈 것이다. 최신 컴퓨터와 최고의 인재들, 공장, 무한한 재정 지원 등 수백만 달러의 가치가 있는 자원을 이용할 수 있다. 하지만 어떤 조직에서 일하는지가 중요하다.

조직 내에서 기업가로 성공하고 싶다면 (대부분의 기업가들이 그 방법을 선택한다) 사람들과 두루두루 잘 어울려야 한다. 두 집단이 당신에게 호감을 느끼고 당신이 그들의 관심사를 중요시한다고 느껴야 한다. 바로 고객과 잠재 고객, 그리고 직원들이다.

나는 최고의 경제지 〈포브스Forbes〉의 오랜 팬이다. 〈포브스〉 1984년 12월호의 심리학과 투자란에 스룰리 블로트닉(Srully Blotnick, 그나저나 정말 멋진 이름이다. 아마 본명일 것이다. 생각해내기도 힘든 이름인 것 같으니까. 한번 들으면 잊히지도 않고 필명보다 훨씬 좋다)이 쓴 흥미로운 기사가 실렸다. 기사 제목은 '사람은 중요하다(People Do Matter)'였다. 경영대학원 졸업 후 사업을 시작하는 많은 젊은이에 관한 내용이었다. 한 젊은이는 모든 성공 여건이 갖춰져 있었는데도 3년 반 만에 파산을 신청해야만 했다. 미국 최고의 경영대학원에서 가르쳐준 그대로 했지만 한 가지가 빠져있었다.

상아탑에서 으레 그러하듯 경영대학원은 사람의 중요성을 잊어버렸다. 세상의 모든 변화를 만드는 것도 사람이고 사람이 없으면 당신의 사업도 망한다. 당신이 서비스를 제공하는 대상도 사람이고 그들이 매달 버는 돈의 일부가 당신의 수익이 된다.

그들은 좋은 서비스를 제공받고 존중받는 기분을 느낀다면 기꺼이 당신에게 돈을 주려고 할 것이다. 그들은 경영대학원의 숫자에 관심이 없다. 그들은 마치 햇빛을 향하는 꽃처럼 애정과 존중심을 보여주는 기업에 얼굴을 돌리고 지갑을 연다.

물론 뉴욕 그랜드 센트럴역 한가운데에 있는 핫도그 판매점은 손님들에게 친절하든 친절하지 않든 장사가 잘될 것이다. 실제로 뉴욕에는 고객들에게 별로 친절하지 않은데도 잘 되는 사업체가 많다. 플라자가 그런 곳 중 하나다. 유명 연예인이 아니라면 애초에 대접받을 생각을 하지 말아야 한다. 한참을 기다려도 웨이터가 아는 척할까 말까다. 한번 방문해보면 다시는 가고 싶어지지 않을 것이다.

언젠가 아내와 아침 식사를 하려고 그곳에 들렀는데 웨이터가 올 때까지 기다리는 동안 점심 메뉴로 넘어갈까 봐 전전긍긍해야만 했다. 겨우 그곳에서 직원의 관심을 끄는 데 성공했다. 조심스럽게 웨이터를 우리 테이블로 보내줄 수 있는지 물어보자 그녀가 쏘아붙였다. "지금 바빠요!"

웨이터는 다른 테이블의 시중을 드느라 바쁜 것이 아니었다. 그것만은 확실했다. 우리는 그가 도대체 뭐 하느라 바쁜지 의아했다. 식료품 창고에서 취미생활을 즐기는 건지, 다른 부업으로 바쁜 건지. 어쨌든 아침이든 뭐든 플라자에서 식사하는 것은 매우 성가신 일이다. 우리는 그다음 주에 내가 강연을 위해 방문한 몬태나주 빌링스의 쉐라톤 호텔에서 1,000퍼센트는 더 나은 서비스를 받았다. 하지만 몬태나주 빌링스는 뉴욕시처럼 인구가 넘쳐나지 않는다.

뉴욕에서는 한 고객이 불쾌한 경험을 하고 그곳을 다시 찾지 않아도 그 자리를 대신할 사람이 얼마든지 있다. 기나긴 기다림과 운에 좌우되는 불규칙한 서비스, 터무니없는 가격에 전혀 특별한 것 없는 음식도 그냥 그러려니 하고 받아들일 사람이 얼마든지 있다. 21이나 사르디스처럼 음식도 서비스도 훌륭한 소수의 레스토랑을 제외하고 뉴욕 레스토랑 대부분이 그렇다.

형편없는 서비스에도 살아남으려면 어느 정도 유명세를 갖추어야 한다. 마이애미 해변에 있는 조 스톤 크랩 레스토랑 같은 정말로 훌륭한 가게들은 비록 한 시간 동안 기다려야 해도 훌륭한 음식과 함께 훌륭한 서비스를 제공한다. 하지만 그런 레스토랑들은 바쁘지 않을 때나 이용하기 좋다.

당신이 어떤 방식으로 서비스를 제공하느냐에 따라 사람들은 당신을 부자로 만들어줄 수도 있고 파산에 이르게 할 수도 있다. 기업가로 성공하고 싶다면 처음부터 사람을 (기업 내부의 사람들은 물론이고 기업 밖의 사람들 모두 포함) 가장 중요한 관심사로 여겨야 한다.

그 기사에서 스룰리 블로트닉은 "사람이 변화를 만든다"라고 했다. 경영대학원에서도 이 사실을 가르쳐야 한다. 스룰리 블로트닉은 그가 기사에서 다룬 내용을 잘 알고 있다. 〈포브스〉도 마찬가지다. 나는 기업가라면 무조건 〈포브스〉를 구독해야 한다고 생각한다.

우리 회사에서는 모든 제품에 대하여 이유를 묻지 않고 환불을 보장해주는 정책을 실시한다. 몇 년 전에 내 첫 오디오 녹음의 우편 반품 요청이 들어왔다. 10인치 음반 버전이었는데 반품된 물건 상태가 꼭 발칸 전쟁 난민처럼 보였다. 아니, 말에 질질 끌려가기라도 한 것 같았다. 동봉된 편지에서 남자는 물건을 돌려보내니 환불해달라고 했다. 즉시 수표를 끊어 우리 회사의 신제품이 소개된 브로슈어와 함께 우편으로 부쳤다. 다시 그에게 연락이 왔는데, 그는 사용 흔적이 분명한 제품을 환불해달라는 억지스러운 요청을 들어준 것에 감탄했다면서 몇 가지 다른 제품을 꽤 많이 주문하기까지 했다.

고객이 마땅히 대접받아야 하는 대로 고객을 대접하면 당신은 그 고객에게 절대로 돈을 잃을 수가 없다. 예전에 시카고에서 대형 백화점을 경영한 마샬 필드Marshall Field는 구매자가 완전히 만족하지 못하면 반품을 받아주는 정책으로 많은 비웃음을 받았다. 여자들은 비싼 모피 코트를 사서 중요한 자리에 한 번 입고 나간 뒤 바로 다음 날 전액 크레딧(credit, 해당 매장에서만 현금처럼 사용 가능한 적립금-역주)으로 환불받았다.

마샬 필드는 그 정책이 놀림 받자 그 여성 고객의 이용 내역을 보여주었다. 그 고객은 다른 제품을 많이 구매한 단골이었다. 사실 그녀는 훌륭한 고객이었다. 그런 고객이 하루 입을 요량으로 밍크코트를 사갔다 한들 어떠랴? 그녀가 남편을 설득해서 결국 밍크코트를 살 가능성도 있다.

그렇지 않더라도 그녀는 여전히 좋은 고객이었다. 이것이 자사의 성공에 큰 부분을 차지하는 고객을 대우하는 마샬 필드의 방식이었다. 고급 백화점 니만-마커스Neiman-Marcus나 아이 매그닌I. Magnin도 마찬가지다. 그들은 고객을 왕과 여왕처럼 대한다.

고객이 어떤 식으로든 부당한 대우를 받는다면 경영진으로서는 변명의 여지가 없다. 직원 교육이 잘못되었다는 것을 보여주기 때문이다. 직원 교육의 부재는 미국의 비즈니스에서 나타나는 가장 큰 문제다.

얼마 전 몬테레이에 있는 데니스 레스토랑에서 아침을 먹었다. 데니스 레스토랑은 꽤 성공한 업체다. 팬케이크가 약간 설익기는 했지만 음식은 그런대로 괜찮았다. 하지만 내가 음식값을 계산하러 카운터로 갔을 때 매력적인 동양인 여성이 아무 말도 없이, 아무런 인정도 없이 돈을 받고 거슬러주었다.

돈 내고 가게를 이용하는 고객의 존재를 인정하지 않았다는 뜻이다. 나는 카운터에 몸을 기대고 미소 지으며 마치 계략을 꾸미는 연극배우처럼 속삭였다. "고맙다고 하셔야죠."

순간 그녀는 환한 미소를 지으며 "감사합니다."라고 말했다. 거기에 나도 "천만에요!"라고 답했다.

고객을 인정하지 않는 것은 사업체가 저지르는 최악의 범죄다. 인정은 인간의 욕구 단계에서 최상위층을 차지한다. 인정이 첫 번째, 자극이나 변화가 두 번째, 안정이 세 번째다. 훌륭한 사업가와 그의 직원들은 교육을 통해 고객들에게 이 세 가지를 모두 만족시켜줄 수 있다.

고객이 사업장에 들어왔을 때 무슨 일이 있어도 아는 척을 해야 한다. 만약 고객이 줄 서서 기다려야 한다면 특별한 관심을 기울여야 한다. 잠깐 쳐다보면서 "조금만 기다려주세요."라는 말을 건네는 것만으로도 고객을 인정해줄 수 있다. 주유소, 편의점, 식당을 비롯해 사람을 상대하는 사업체라면 절대로 감사 표시도 하지 않고 손님을 보내는 일이 없어야 한다.

은행에서 입출금이나 대출 업무를 맡는 자동화기기도 비록 모니터 화면일 뿐일지라도 고객에게 감사 인사를 한다. 이용해주셔서 감사합니다. 이것이 바로 고객을 인정하는 행위다. 고객의 자극과 변화 욕구를 충족해주는 것도 훌륭한 경영의 측면이다.

기업은 절대로 똑같은 모습에만 머물러서는 안 된다. 아주 작은 변화가 큰 차이를 만들 수 있다. 변화는 삶의 증거이자 고객에 대한 경영진의 관심을 말해준다. 변화는 경영진이 고객을 중요하게 생각한다는 것을 보여준다. 변화에는 오히려 안정감도 있을 수 있다.

좋은 서비스는 좋은 제품과 환불 정책과 마찬가지로 일종의 안정감을 나타낸다. 우리는 학교 다닐 때 고객을 대하는 방법을 교육받지 않는다. 고객을 위해 일하는 사람은 누구나 미소로 고객을 대하고 고마움을 표시해야만 한다. 고객은 힘들게 번 돈을 당신의 사업장에서 사용하는 것에 대해 반드시 특별한 관심과 감사를 받아야 한다.

초기 교육과 정기적인 점검만큼이나 상기하는 것도 중요하다. 나쁜 습관으로 돌아가기는 너무 쉽다. 언젠가 내가 계산하려고 서 있는데 열일곱 살 소녀가 전화로 친구와 이야기를 나누고 있었다. 나는 5분을 기다린 후에 그냥 밖으로 나가서 차를 타고 돌아왔다. 내가 나갈 때까지도 그녀는 계속 통화를 하고 있었다. 고객은 계산할 때 절대적으로 필요한 것 이상으로 기다려서는 안 된다.

식당 손님들은 계산서가 테이블에 도착할 때까지 앉아서 기다려서는 안 된다. 고객이 웨이터가 되어서는 안 된다. 절대로 그들을 기다리게 하지 마라. 식사를 끝내기 전에 미리 계산서를 테이블로 가져다주고 계산대에서 미소로 맞이하고 고객의 얼굴을 바라보며 진심이 담긴 감사 인사를 전한다.

그들이 중요한 존재임을 느끼게 해줘야 한다. 당연히 고객은 중요하다. 고객의 인정 욕구를 충족해주지 않으면 당신의 사업은 망할 것이다. 아주 간단하다. 우리가 대접받고자 하는 그대로 고객을 대접해주면 된다.

절대 고객을 과소평가하지 마라. 고객은 당신의 배우자와 같다. 세상에 중요하지 않은 사람이 없는 만큼 세상에 중요하지 않은 고객은 한 명도 없다. 고객은 이 순서대로 세 가지를 원한다. 인정, 자극 또는 변화, 그리고 안정. 당신은 고객에게 이 세 가지를 다 줄 수 있다. 현명한 기업가라면 고객에게 이 세 가지를 모두 충족해주는 일을 절대로 실패하지 않을 것이다.

기업가가 될 수 있는 기회는 누구에게나 열려있다. 기꺼이 위험을 받아들이고 그 대가를 치를 의지만 있으면 된다. 도전할 만한 가치가 있는 일이다.

"만약 처음에 성공하지 못한다면 또다시 시도해라."

✦ **인생의 진리 ⑧** ✦

··

누구나 자신만의 사업을 꿈꾸고 성공할 기회가 있다.

◆ 9장 ◆

긍정은
탁월함으로
이어진다

Earl Nightingale

✦

우리가 '노'라고 말하는 경향은 고대로부터 전해져 내려오는 듯하다. 이것은 현재 상태를 유지하려는 보수적인 반응이다. 마치 "나는 지금 있는 그대로의 상황에 대처하고 있으니까 괜히 평지풍파를 일으키지 마. 새로운 문제를 가져오지 마."라고 말하는 것과 같다.

모든 변화에는 더 나쁜 쪽으로 바뀔 가능성이 따른다. 미국의 사회철학자 에릭 호퍼Eric Hoffer는《맹신자들》에서 매우 가난한 사람들에게도 매우 부유한 사람들처럼 엄격한 보수주의가 존재한다는 사실을 상기시켜주었다. 가난한 사람들에게는 생존이 중요한 탓이다. 그래서 그들은 지금 놓인 상황이 아무리 암울해도 여기에서 변화를 추구하면 더 나쁜 결과가 초래될 수 있다고 생각한다. 그리고 부자들은 현재 상황에 매우 만족하므로 그대로 지키기 위해 노력한다.

우리는 모두 가난한 배경에서 왔다. 다른 이들보다 좀 더 최근까지 가난했던 이들도 있다. 어떤 결정이 재앙으로 이어질까 봐 두려운 마음은 고대부터 지금까지도 우리를 괴롭힌다. 하지만 성공한 사람들은 삶과 삶의 가능성에 '예스'라고 말하는 경향이 있다. 그들은 행복한 결과를 기대하며 유쾌하게 앞으로 나간다. 위험을 기회와 모험으로 받아들이고 기꺼이 감수한다. 기대와 열정, 헌신으로 기회를 찾고 대개는 승리한다. 가끔 부정적인 결과가 나와도 여정의 자연스러운 일부로 받아들인다.

성공을 원한다면 삶에 '예스'라고 말해야 한다. 생존이 인간의 유일한 선택이 되어서는 안 된다. 말이나 소라면 괜찮다. 돼지와 닭도 생존만으로 충분할 것이다. 하지만 인간은 단순히 생존하는 것만으로는 무력해질 수밖에 없고 서서히 아무것도 자각하지 못하는 상태에 빠진다.

인간은 그 이상이 필요하다. 삶에서 주어진 시간 동안 즐거움을 느끼고 다른 사람들의 행복에 조금이라도 보탬이 되는 것이 매우 중요하다. 평생 받기만 하고 성숙하지 못한 정신세계가 뒤틀린 이들을 제외하고 모두가 동의할 것이다. 인간은 생산과 나눔, 창조를 통해 기쁨을 느낀다.

행복은 우리가 어떤 방향으로 나아가는가에 달린 듯하다. 어느 순간이든 행복은 우리가 삶에서 일어나기를 바라는 일을 향해 나아가는 것에 달려 있다. 우리는 아주 작은 것에서도 행복을 느낄 수 있다. 저녁 외식을 하러 나가는 길이 식사를 마치고 집으로 돌아올 때보다 아주 조금 더 행복하다. 크리스마스 아침이 크리스마스 오후보다 좀 더 행복하다. 우리는 목표를 달성한 후보다 목표를 향해 나아갈 때 더 행복하다.

"소원은 신중하게 빌어야 한다. 간절히 원한다면 분명 현실로 이루어질 테니까."

이 말을 명심하라. 실제로 오랫동안 추구해온 목표를 이루고 난 뒤에 찾아온 실망과 우울증은 자살로 이어지기도 한다.

오랫동안 고군분투하던 작가가 수년간 끈질기게 노력한 끝에 그가 쓴 연극이 브로드웨이에서 공연할 만큼 큰 성공을 거머쥐었다. 일주일에 수천 달러가 들어왔다. 하지만 웬일인지 그는 스스로 목숨을 끊었다. 사람들은 그 이유를 이해하지 못했다. 그는 성공 후 갈 곳을 잃었다. 물론 그는 몇 달 동안 성공이 가져다준 기쁨을 음미했고 다음 작품을 구상하기도 했다. 하지만 갑자기 심한 우울증이 찾아와 술에 의존하게 되었고 결국 죽음을 선택했다.

우리는 연속적인 목표가 필요하다. 코닥의 설립자 조지 이스트먼George Eastman은 비록 나이는 적지 않았지만 "나는 모든 것을 보고 모든 것을 했다."라는 말을 남기고 스스로 생을 마감했다.

물론 이스트먼의 생각은 틀렸다. 만약 그가 앞으로 사진 산업에 일어날 변화를 상상했더라면 생각이 바뀌었을지도 모른다.

목표는 중심부에서부터 한 조각씩 퍼져나가는 모자이크와도 같다. 하나의 성공에서 다른 성공으로 옮겨가야 한다. 그래야 모든 성공이 퍼즐 조각처럼 저마다 적절한 자리에 맞춰져서 우리와 타인에게 즐거움을 가져다줄 수 있다.

에드먼드 힐러리Edmund Hilary 경은 에베레스트 정상에 올랐지만 생을 마감하지는 않았다. 물론 에베레스트 정복은 그의 인생에서 최고의 순간이었고 세계적인 명성과 기사 작위를 가져다주었다. 하지만 그는 그 후에도 일을 계속했다. 성공하는 사람들은 대부분 그렇다. 그들에게는 저마다 정복할 에베레스트가 있고 정복에 성공한다. 목표 달성은 삶과 삶의 선택권을 적극적으로 받아들인다는 뜻이다.

1986년 여름, 우리 회사는 시카고 베어스의 월터 페이튼Walter Payton과 함께 비디오테이프를 제작했다. 페이튼은 역사상 가장 위대한 미식축구선수라고 평가받는 선수다. 인터뷰에서 그는 "당신은 많은 것을 이룬 지금도 목표를 이룰 계획을 세우고 있나요?"라는 질문을 받았다.

페이튼은 이렇게 대답했다. "저는 처음 운동을 시작했을 때 내가 어디로 가고 싶은지, 거기에 가려면 무엇을 해야 하는지 알았습니다. 매년, 매 경기마다 내가 어디에 있는지 진전 상황을 확인했지요. 그리고 "내가 3년 후에 있고 싶은 곳은 여기야. 내가 6년 후에 있고 싶은 곳은 여기야."라고 생각했습니다. 그런 식으로 목표에 접근했어요.

저는 어렸을 때 상상력을 이용해서 상황을 만들었습니다. 알다시피 사업을 시작할 때는 달성하고자 하는 목표가 있습니다. 처음 사업을 시작하거나 가게 문을 열 때 우리는 1백 달러나 1천 달러를 벌고 싶다는 꿈을 꾸지 않습니다. 1백만 달러를 벌고 싶어 하죠. 정말로 백만장자가 되는 데 성공했다면 분명히 그만한 돈을 벌기까지의 과정을 머릿속에 그리면서 거기까지 왔을 겁니다. 실제 1백만 달러보다도 그 과정이 더 큰 의미가 있습니다.

일단 1백만 달러를 벌고 나면 바로 그 상상력이나 창의력을 이용해서 더 큰 목표를 향해 자신을 밀어붙여야 하니까요. "자, 1백만 달러를 버는 데 성공했으니까 이제 남은 건 뭐지?" 이렇게 생각하면서 더 큰 목표를 원하게 됩니다."

페이튼이 계속해서 말했다.

"사업뿐만 아니라 미식축구, 아니 삶도 똑같습니다. 처음에 꿈꾸었던 것을 이룬 후에는 더 높이, 더 멀리 올라가려고 해야만 합니다. 그러려면 마음속에 그림을 그려야 하죠. 단언컨대 어떻게 목표를 이룰 것인지, 어떤 식으로 무엇을 할 것인지 머릿속으로 그려보는 과정이 실제로 목표를 달성한 순간보다 훨씬 더 즐겁습니다."

위대한 월터 페이튼은 또 말했다.

"저는 그렇습니다. 짐 브라운의 최다 러싱 야드 기록(1만 야드 이상)을 경신한 것(페이튼은 그 후 1만5천야드를 넘어 세계 신기록을 세웠다), 수많은 터치다운, 슈퍼볼 출전 같은 이정표들에 가까워질 때 제가 머릿속에 그리는 그림과 꽃향기는 말로 표현할 수가 없어요. 하지만 목표를 세우고 나면 그렇게까지 좋진 않습니다. 머릿속에서 목표를 그리며 달려가는 순간이 훨씬 더 좋죠."

"그러니 목표를 이룬 다음에는 절대로 꾸물거리지 마세요. 계속 그 순간에 머물러서는 안 됩니다. 곧바로 새로운 그림을 그리고 또 다른 목표를 세우기 시작하세요. 모든 걸 걸고 나아갈 새로운 목표를."

월터 페이튼의 말이 옳다. 당신도 잘 알 것이다. 막상 목표를 이루었을 때 머릿속에서 꿈꾸었던 것만큼 그렇게 좋지 않다는 것을 깨닫는다. 그러니 그 상태에서 너무 오래 꾸물거리면 안 된다. 계속 삶에 '예스'라고 말하고 적극적으로 살아야 한다. 우리의 성장이 과연 어디까지 가능한지 누가 알겠는가?

부정적인 반응이 미치는 영향

우리 주변에는 무슨 일이든지 부정적으로 받아들이는 사람이 꼭 있다. 절대로 그 암울한 집단에 합류하지 말자. 1985년 여름에 일어난 사건이 아직도 내 기억에 생생하게 남아있다. 여름에 플로리다 남부로 떠나면서 그곳의 더위에 대해 불평하는 사람은 병원에 가보는 것이 좋겠지만 1985년 여름은 더워도 너무 더웠다. 매일 기록을 갈아치울 정도였고 라디오와 텔레비전의 기상 캐스터들마저 불평했다.

바로 그해에 다이애나와 나는 플로리다주 네이플스의 새집을 완전히 리모델링했다. 7월의 어느 날 우리는 아침 식사를 각각 차와 커피로만 때우고 포트 마이어스에서 각자 볼일을 보았다. 점심이 가까워졌을 때 엄청나게 허기가 졌고 네이플스의 집으로 돌아가기 전에 근처 식당에 들러 이른 점심을 먹기로 했다.

눈을 뜨기 힘들 정도로 뜨거운 불볕더위에 하늘에는 구름 한 점 없는 날이었다. 우리는 식당 근처에 차를 세우고 해가 내리쬐는 길을 서둘러 걸어 식당 출입구 앞의 그늘로 갔다. 문에는 11시 30분에 영업이 시작된다고 되어있었다. 시계를 힐끗 보니 11시 25분이었다. 하지만 적어도 그늘에 서 있으니 5분 정도는 기다릴 만할 터였다.

우리가 그렇게 서 있는데 가게 안에서 문 쪽으로 다가오는 젊은 여자가 보였다. 아내와 나는 '아, 일찍 들여보내 주려나 보다.' 하고 생각했다. 하지만 그녀는 문을 아주 조금만 열더니 기분 나쁜 표정으로 째려보면서 "11시 30분에 열어요!"라고 쏘아붙였다. 그러더니 우리가 보는 앞에서 문을 쾅 닫았다.

다이애나와 나는 말없이 멍하니 서로를 바라보다가 손을 잡고 그 자리를 떠났다. 반 블록 정도 떨어진 곳에서 J. b. 윈버리스라는 식당을 발견했다. 가게 앞에는 그날의 특별 메뉴를 분필로 써놓은 샌드위치 보드가 세워져 있었다. 알록달록한 색깔로 그려놓은 말풍선도 보였다. 친절하게 문도 열려있었다. 그곳에서 먹은 점심은 정말 맛있었다. 그날 우리는 우연히 좋은 식당을 발견했고 속상한 경험을 긍정적인 경험으로 바꿀 수 있었다.

하지만 그 사건은 내 머릿속에서 좀처럼 사라지지 않았다. 우리가 첫 번째 들른 레스토랑의 젊은 여성 직원은 실패했다. 그녀는 직원으로서, 특히 손님을 맞이하는 호스티스로서 실패했다. 그녀는 고용주가 두 명의 고객을 잃게 만들었다. 게다가 아무런 자각도 없이 무례했다. 우리가 문을 두드린 것도 아니었고 몇 분 동안 밖에서 기다릴 참이었다.

하지만 최악은 그녀가 인간으로서 참패했다는 것이다. 그녀는 성공하고 성장할 기회를 거부했다. 기회를 받아들일 수도 있었는데 적극적으로 거부해버렸다. 그녀는 왜 문을 열고 이렇게 말하지 않았을까?

"안녕하세요! 어서 들어오세요. 밖에서 너무 더우실 것 같아요. 아직 영업 시작 전이지만 안에서 시원하게 메뉴판 보면서 잠깐 기다려주세요."

그녀에게 가능했던 또 다른 선택은 밖에서 기다리는 우리에게 시원한 음료를 제공하는 것이었다. 그냥 물 한 잔이라도 정말 좋았을 것이다. 하지만 그녀는 문을 닫아버렸다. 그녀는 나와 다이애나만 거부한 것이 아니라 성공한 사람들의 집단에 합류할 기회를 거부했다. 우리는 아주 잠깐 불편했을 뿐이지만 그녀로서는 엄청나게 중요한 기회를 놓친 것이다.

그녀의 태도는 그녀를 작은 사람으로 만들었다. 매일 수많은 사람이 그러하듯 그녀는 정보 부족과 교육 부족 때문에 자신을 제자리에 가두고 말았다. 이런 일은 카르타고의 폐허만큼이나 오래되었으면서도 시원한 봄날 아침만큼이나 새롭다.

이 일화가 말해주듯 개인의 문이 열려있지 않으면 아직 탐구해보지 않은 기회로 가득한 새로운 곳으로 나아갈 수 없다. 문과 창문이 열려있지 않으면 흥미를 잡아끄는 것들이 우리에게 들어올 수 없음을 알아야 한다. 사람은 연못이나 호수와 같다. 물이 계속 나가고 들어와야만 건강하고 깨끗하고 생명력이 넘칠 수 있다. 사방이 막혀있으면 끝없이 고인 물만 있을 뿐이다.

내가 7월의 더운 날 플로리다주의 포트 마이어스에서 만난 그 무례한 식당 여직원뿐만 아니라 세상의 수많은 사람이 이런 상태로 살아간다. 그녀는 나와 다이애나에게 문을 쾅 닫음으로써 자신의 문은 닫혔다고 세상에 소리친 것이나 다름없었다.

그녀는 삶을 주도적으로 살지 않는다. 주변 사람들에게서 신호를 얻어 그들의 말과 행동과 의식을 흉내 내고 그들의 농담에 웃고 똑같은 스타일로 옷을 입고 머리를 손질한다. 그녀는 주도적이고 자율적인 사람이 아니다. 자신보다 별로 지혜롭지도 않고 리더십이 뛰어난 것도 아닌 사람들이 이끄는 대로 움직이는 하찮은 꼭두각시에 불과하다.

훌륭한 생각을 여섯 가지만 알아도 그녀의 삶과 세계에 혁명이 일어날 수 있다. 새로운 방향과 의미에 눈을 뜨고 웃음 가득한 얼굴로 사람들에게 서비스를 제공할 수 있는 기회를 적극적으로 찾아 나설 것이다.

영업이 시작하기 전에 불볕더위 속에서 기다리는 우리 부부를 발견한 순간은 그녀가 서비스업 종사자로서, 한 인간으로서 가능성을 발휘할 기회였다. 그녀는 기회의 문을 열고 미소 띤 얼굴로 세 사람 모두의 하루를 환하게 비춰줄 수도 있었다. 그랬다면 그녀와 그 식당은 우리에게 좋은 기억으로 남았을 것이다. 그 경험이 우리 모두의 삶을 좀 더 풍요롭게 해주었을 것이다.

다음 날 상점에서 사려고 고민 중인 제품에 대해 판매원에게 질문을 했다.

"나쁘지 않아요." 그녀가 말했다.

나는 판매자의 기준으로 나쁘지 않다는 것인지 물었다.

"아주 좋은 것은 아닙니까? 그냥 좋지도 않고요?" 내가 물었다.

그녀는 미소를 짓더니 그냥 가버렸다. 분명 속으로 '상대 못하겠네.'라고 생각했을 것이다. 미소 띤 얼굴로 가벼운 질문을 던진 것뿐인데, 그녀가 직원으로서 아무런 교육도 받지 못했다는 것과 그 가게가 고객을 대하는 철학이 어떤지 (철학 따위가 아예 없을 수도 있지만) 뻔히 알 수 있었다. 특히 하루에 많은 사람과 접촉해야 하는 사람일수록 우리의 삶과 다른 사람들의 삶을 바꿔줄 수 있는 위대한 생각들을 더욱더 명심할 필요가 있다. 위대한 생각은 우리의 삶을 암울하거나 그저 그런 것에서 아름답고 풍요로운 것으로 바꿔줄 수 있다.

나는 마음이 가난한 그 식당 여직원을 생각하면서 엘리노어 렌츠Elinor Lenz와 바버라 마이어호프Barbara Myerhoff가 쓴 훌륭한 책《미국의 여성화The Feminization of America》에 나온 훌륭한 문구가 떠올라 다시 읽었다.

"생명을 보호하는 여성의 역사적 책임은 그녀에게 다음과 같은 일련의 적응적 특성을 부여했다. 모든 생명체로 확장되는 강력한 양육 충동, 유대의 욕구를 채워주는 친밀한 관계를 맺는 능력, 분리가 아닌 통합하려는 경향, 공감 능력, 계층에 대한 저항과 평등한 관계에 대한 선호, 생명을 유지하는 일상적인 과정에 대한 믿음, 신조와 파벌주의를 초월하는 영성, 개인의 성장과 성취를 추상적 개념보다 중요시하는 가치의 척도, 폭력에의 반감으로 문제 해결 수단으로 협상을 선호하는 것."

이것은 오늘날 점점 더 분열되고 위험한 세상에서 절실하게 필요한 자질들이다. 모든 남성과 여성이 원하지만 비인간적이고 관료적이며 자기 과시적인 첨단 기술 사회인 1980년대 미국에서는 찾아보기 쉽지 않은, 인간적이고 삶을 풍요롭게 해주는 인간관계를 가능하게 해준다.

렌츠와 마이어호프가 설명한 여성을 위대하게 만드는 적응적 특성에 대해 생각하고 그 식당 여직원과 미국 전역의 비슷한 여성들에 대해 생각하면 그들을 갈라놓는 큰 틈새가 보인다.

어떻게 하면 훌륭한 생각과 그 여직원을 일치시킬 수 있을까? 첫 번째 실수는 그녀가 제대로 교육받지 않았다는 것이다. 그녀는 사업이 성공하려면 고객을 유치하고 유지하는 것이 가장 중요하다는 사실을 알지 못했다. 그녀는 고객들에게 마음을 여는 법을 배우지 못했다.

코네티컷주 노워크에 있는 성공한 유제품 매장 스튜 레너즈 Stew Leonard's의 설립자인 스튜 레너드Stew Leonard는 그의 경영 방침을 직원과 고객 모두가 볼 수 있도록 전시해두었다.

우리의 방침:
규칙 1. 고객은 항상 옳다.
규칙 2. 고객이 틀렸다면 규칙 1을 다시 읽는다.

그렇다. 그렇다면 스튜 레너즈의 직원은 두 명의 고객이 영업 시작 몇 분 전에 온 것을 봤을 때 어떻게 반응했을까? 좋은 생각과 이 여직원을 어떻게 일치시킬 수 있을까? 교육이 필요하다.

우리는 어떤 사람이 일자리에 지원하거나 구인 광고를 보고 연락했을 때 그 사람이 사업의 성공에 대해 전혀 알지 못한다고 가정해야 한다. 또한 그가 우리가 일하는 방식이나 개인의 성공을 도와주는 위대한 원칙에 대해서도 전혀 모른다고 가정하라. 아주 기초적인 것부터 시작하고 지금 여기에서 이야기하고 있는 것에 대한 피드백을 구할 필요가 있다.

훌륭한 생각들이 왜 그렇게 중요하고 효과적인지를 그들이 확실하게 이해하도록 만들어야 한다. 일이 개인의 성장을 위한 기회라는 것을 알게 해주고 우리가 세상에 존재하는 이유는 서로에게 도움이 되기 위해서임을 상기시킨다.

그들 자신도 매일 수많은 이들에게 서비스를 제공받고 있다는 사실을 일깨워줄 필요가 있다. 옷과 신발을 만드는 사람들, 식당이나 식료품점에서 음식을 준비하는 사람들, 전기를 생산하고 전화 시스템을 가동하고 가정에서 당연하게 사용하는 모든 물건을 만드는 사람들, 아침에 샤워를 하고 커피를 마실 수 있게 해주는 사람들. 바닥에 깔린 러그부터 비바람을 가려주는 지붕의 재료까지, 그들도 무수히 많은 방법으로 서비스를 제공받고 있으니 이 매장에서는 그들이 서비스를 제공할 차례라는 것을 알려줘야 한다.

이것으로 그들이 인간으로서 실패할지 성공할지가 결정된다고 말이다. 그러니 사업장의 모두가 그 일을 얼마나 잘 해낼 수 있는지 보자고, 일에서 즐거움을 찾자고 독려해야 한다. 즐거움은 전염성이 있다. 직원들의 즐거움은 고객에게도 전해지기 마련이다. 고객은 당신의 사업장에 찾는 것이 즐거워질 것이다. 행복한 분위기와 서비스가 마음에 들 것이다. 오너나 직원들과 유쾌한 농담을 주고받고 미소와 감사의 마음이 담긴 최고의 서비스를 기대할 것이다.

사람들을 교육하지 않고 고용하는 것은 실수다. 그것도 엄청나게 중대한 실수일 수 있다. 교육받지 않은 직원은 무수하게 많은 손님을 내쫓는다. 일한 지 하루, 이틀, 사흘, 나흘 된 사람은 사업의 성패를 좌우하는 것이 무엇인지 전혀 모르는 경우가 많다. 그들은 자신의 급여가 회사에서 나온다고 생각하지만 실제로는 고객들에게서 나온다.

기업은 연방 정부와 마찬가지로 자체적으로는 돈이 거의 없다. 고객에게서 꾸준히 들어오는 수입이 없으면 곧바로 망할 것이다. 당신의 직원들은 진짜 상사가 고객이라는 사실을 알고 대통령이나 기업 회장, 영국 여왕을 대접하듯 고객을 대접하는 법을 교육받아야 한다. 우리 회사의 직원들은 첫 출근날에 그들이 앞으로 얻을 모든 것(집, 음식, 옷, 자녀 교육, 자동차, 저축 등)이 겉보기에 하찮아 보이는 바로 그 손님의 주머니에서 나온다는 사실을 확실하게 교육받는다. 중요하지 않은 고객은 단 한 명도 없다는 사실을 때때로 상기해준다.

껄렁껄렁한 10대 청소년이 세련되게 차려입은 중년 여성만큼 중요하고 나중에 커서도 계속 중요한 고객일 것이라는 사실을 직원들에게 주지시킨다. 운동화와 운동복 차림의 손님도 밍크 롱코트를 입은 손님만큼 중요하다.

플로리다주 포트 마이어스의 레스토랑에서 있었던 그 여직원과의 사건 이후로 (그런 직원은 일주일에 수백 달러의 손실을 발생시킬 수 있다) 나는 스스로에게 물었다.

"우리가 아는 사람 중에 그와 정반대인 사람은 누구인가? 금메달, 5성급의 완벽한 직원을 대표하는 사람은 누구인가?"

곧바로 UCLA에서 사랑에 대해 가르치고 그 주제로 여러 권의 책을 쓰고 카세트 녹음 프로그램도 많이 제작한 친구 레오 부스카글리아Leo Buscaglia가 떠올랐다. 그와 함께 시카고의 베트남 식당에서 저녁을 먹었던 그날 그는 적어도 12명에게 포옹을 해주고 그들의 마음을 따뜻하게 해주었다.

그의 넘치는 활기와 열정이 식당 전체로 퍼져 화기애애한 분위기를 만들었다. 레오는 호텔이나 레스토랑의 총지배인으로 완벽한 사람이다. 그가 여성 손님들을 포옹하면 남성 일행들이 그의 얼굴에 펀치를 날리겠지만. 그래도 레오는 그들까지도 껴안아 줄 사람이다.

페이머스 에이머스Famous Amos 초콜릿 칩을 만든 월리 에이머스Wally Amos도 생각났다. 월리는 한 인간으로서도 훌륭하지만 미국에서 가장 성공한 사업가 중 한 명이기도 하다. 내가 가장 최근에 그와 그의 가족을 만난 곳은 하와이 오아후에 있는 카할라 힐튼 호텔이었다. 세 번째 생일을 맞이한 그의 딸을 위한 파티였다.

월리 에이머스는 열정의 화신이다. 항상 활기와 열정이 넘쳐

흐른다. 레스토랑에서 그를 발견하고 다가가면 테이블에서 벌떡 일어나 환한 미소로 행복한 인사를 건넨다. 그리고 자연스럽게 옆에 있던 사람들까지 대화에 참여시킨다. 윌리 에이머스는 무슨 일이든지 마치 5년 동안 독방에 갇혀있던 사람처럼 열정적이고 적극적으로 대한다.

윌리 에이머스를 당신의 조직에 배치하면 (트럭 배달을 하게 하든 짐 싣는 곳이나 우편실에 배치하든) 놀랄 정도로 짧은 시간 안에 그곳을 주도적으로 이끄는 장본인이 되어있을 것이다. 뜨거운 열정 때문만은 아니다. 중요한 일을 처리하는 그의 탁월한 두뇌와 강인한 의지도 한몫한다.

테네시의 가난한 가정에서 태어난 윌리는 가정이 무너진 후 뉴욕에 사는 델리아 숙모의 집으로 보내졌다. 그에게 초콜릿 칩 쿠키를 처음 맛보게 해주고 만드는 방법을 알려준 것도 델리아 숙모였다. 그는 직업 학교에서 요리사가 되기 위한 교육을 받았지만 윌리엄 모리스 에이전시William Morris Agency에 입사했다.

처음에는 우편실에서 시작했지만 머지않아 연예인들을 관리하는 에이전트로 일하게 되었고 능력도 인정받았다. 그러면서도 집에서 계속 초콜릿 칩 쿠키를 구웠고 직장 동료들에게 간식으로 나눠주곤 했다. 직장 동료가 말했다.

"윌리, 이 쿠키는 너무 맛있어서 주변 사람들만 먹기엔 너무 아까워. 전국 사람들이 맛볼 수 있도록 팔아야 해."

알다시피 그 후에 일어난 일은 전설 그 자체였다. 현재 에이머스는 하와이 오아후섬에 있는 아름다운 집에서 살고 있다. 미국 전역을 돌아다니는 그는 고맙게도 내 회사가 있는 시카고에 오래 머물며 오디오 카세트 프로그램을 함께 만들었다.《페이머스 에이머스: 초콜릿 칩 회사를 만든 남자Famous Amos, the Man Who Launched a Thousand Chips》라는 책도 썼다. 나는 그에게 전화해서 성공에 대한 생각을 나눠달라고 부탁했다. 그가 해준 말은 다음과 같다.

"내가 이 책에 참여할 수 있도록 해주셔서 감사합니다. 지금부터 당신의 질문에 답하려고 합니다. 내가 왜 적극적으로 살아가는지에 대해 이야기하려고 해요. 우선 나는 우주가 그저 내 생각에 반응할 뿐이라는 사실을 알고 있습니다. 우주는 나에게, 내 행동에 반응합니다. 내가 뭔가를 보내면 우주는 곧바로 나에게 돌려보내지요."

"나는 그게 사실이라는 것을 알기에 최대한 긍정적으로 살아가려고 노력해왔습니다. 나는 내 인생에서 긍정적인 결과가 일어나기를 바라거든요. 내가 긍정적인 모습을 보인다면 우주도 긍정적으로 반응하겠지요. 인생은 거울과 같습니다. 밖에 무엇이 있는지 보기 전에 먼저 내 안을 봐야 합니다. 그래서 나는 내가 대접받고 싶은 대로 사람들을 대하는 것에 집중하기 위해 최선을 다합니다. 성경에도 잘 요약되어있지요. '남에게 대접을 받고자 하는 대로 너희도 남을 대접하라.' 나는 사람들이 나를 존중하고 사랑하고 관대하게 대해주고 격려하고 내가 하는 모든 일을 지지해주기를 원합니다."

"그런 대접을 받으려면 내가 먼저 남들을 그렇게 대해야 한다고 생각합니다. 그래서 내 신념을 실천하기 위해 노력합니다. 믿음을 행동으로 옮기지요. 내가 삶에 긍정적인 자세로 임하는 이유가 바로 그겁니다. 삶이 나에게 긍정적인 것들을 가져다주기를 바라니까요. 지금까지의 내 인생과 페이머스 에이머스 쿠키의 성공을 돌아보면 내가 거둔 성공은 후회하지 않은 덕분이었습니다. 나는 그 무엇도 후회한 적이 없어요. 과거에 얽매이지 않았습니다. 항상 지금 여기에 머물려고 노력해요. 지금 이 순간에 최대한 긍정적인 에너지를 쏟아부으려고 노력하죠. 답은 어제도 내일도 아니고 오늘 속에 들어있거든요. 바로 지금 이 순간. 나는 바로 이런 태도로 페이머스 에이머스를 시작했습니다."

"나는 많은 도전을 할 것이고 성공하기도 할 것입니다. 하지만 절대로 성공에 안주하지 않습니다. 그러면 더 이상의 성공은 없을 테니까요. 당장의 성공에 심취하면 더 많은 성공이 내 삶에 들어올 수 있는 자리가 생기지 않습니다. 그래서 나는 성공을 거두면 그것을 받아들이고 감사하고 다음 도전으로 넘어갑니다. 당연히 부정적인 마음으로 과거에 머물러 있어도 안 되지만 과거에 연연하는 것 자체가 무조건 안 된다고 생각하거든요. 아무리 긍정적인 생각에서라도 말이예요. 나는 어떤 일이 일어났을 때 그 일을 있는 그대로 받아들이고 교훈도 얻습니다. 고마운 마음도 새기죠. 신에게 감사하고 나에게 일어나는 모든 일에 감사합니다. 그리고 다음으로 넘어가는 거예요."

"내 인생에서 부정적인 경험이란 없습니다. 나는 모든 경험에 교훈이 들어있다고 믿거든요. 내가 배워야 할 게 들어있다고요. 그 자체로 좋은 것, 나쁜 것, 긍정적인 것은 없어요. 우리가 그렇게 결정하기 전까지는요. 그래서 나는 내 삶에서 일어나는 일은 뭐든지 다 좋고 나에게 뭔가를 가르쳐주기 위해서 일어나는 것이라는 생각으로 살아갑니다. 모두가 나를 더 강한 사람으로 만들어주고 내 의식을 더 높은 수준으로 끌어 올려주려고 일어나는 일이라고요. 처음에 교훈을 얻지 못하면 깨달음을 얻을 때까지 똑같은 일이 반복된다는 사실도 직접 경험으로 깨달았죠. 형태가 바뀌고 관련된 사람들이 바뀔 수도 있지만 경험의 본질 자체는 항상 같아요."

"캘거리의 성직자가 이렇게 말하더군요. 우주는 항상 '예스'라고 말한다고요. 우주는 당신이 어떤 생각을 내놓든 '예스'라고 말합니다. 당신이 "난 초콜릿칩 쿠키를 파는 가게를 열 수 있어."라고 말하면 우주는 "그래, 넌 할 수 있어."라고 말하죠. 그리고 초콜릿칩 쿠키 가게를 열려는 당신의 노력을 계속 도와줍니다. 결국 당신은 초콜릿칩 쿠키를 파는 가게를 열게 되죠. 마찬가지로 만약 당신이 우주에 "난 초콜릿칩 쿠키를 파는 가게를 열 수 없을 거야. 내 능력 밖이야."라고 말하면 역시나 우주는 그렇다고 답합니다. 결국 당신은 초콜릿칩 쿠키 가게를 열 수 없을 겁니다."

"우주는 당신이 투영하는 그 어떤 생각에도 '예스'라고 말합니다. 당신이 어떤 생각을 하든지 무조건 그대로 똑같이 돌려주죠. 이것이 절대적인 진실이라는 것을 알면 긍정적인 생각이 대단히 중요해집니다. 당신이 경험하는 모든 것에 긍정적으로 '예스'라고 하세요. 그 방법은 나에게, 내 삶에 많은 기쁨과 행복을 가져다주었습니다. 삶에 '예스'라고 말한 덕분에 내 삶이 10배는 풍요로워졌어요. 나는 삶의 모든 영역에서 좋은 경험을 할 수 있도록 삶에 '예스'라고 말하는 방법을 더 많이 찾으려고 노력합니다. 나는 인생이 정말, 정말 멋지다고 생각해요. 주변을 둘러보면서 신이 이 모든 것을 창조하셨고 나를 창조하셨고 나에게 삶을 음미할 능력도 주셨음을 깨닫습니다. 나는 지금 그렇게 삶을 음미하면서 살아가고 있어요. 앞으로 더 좋은 일이 생기리라는 것을 알고 있지요."

월리 에이머스 같은 사람은 정말 특별하다.

'예스'라고 대답해야 하는 순간들

삶에 '예스'라고 말하고 긍정적으로 살아가야 한다는 주장에 대해 분명 살다 보면 '노'라고 말해야 할 때도 있다고 말하는 사람들이 있을 것이다. 맞는 말이다. 이 시대에 잘 살아간다는 것은 소용돌이 속에서 소수의 특별한 것만 선택하는 문제기도 하다. 강력하게 우리의 관심을 요구하는 것들의 99퍼센트를 거부해야 한다는 뜻이다. 다양성 있는 삶은 삶의 질을 높이고, 흥미와 도전을 받아들인다는 말이다.

직원들, 특히 신입뿐만 아니라 기존 직원들에 대한 교육의 중요성을 다시 강조하고 싶다. 개인과 기업의 꾸준한 성공을 가능하게 해주는 위대한 생각과 법칙에 대해 직원들에게 이야기할 때는 당신이 공유하는 생각을 그들이 완전히 이해할 것이라고 가정하지 마라. 경청 능력이 뛰어나지 못한 사람들이 대부분이고 당신이 전달하려는 요점과 180도 다른 관점을 가졌을 수도 있다. 당신의 말을 이해시키고 완전히 흡수하게 하려면 들은 그대로 말해보라고 해야 한다.

내 사업 파트너인 로이드 코난트는 직원들에게 중요한 지시를 내릴 때마다 듣고 이해한 대로 다시 말해달라고 요청했다. 그런데 그가 한 말과 그들이 들은 말은 놀라울 정도로 큰 차이가 났다.

그래서 그는 직원이 완전하게 이해할 때까지 다시 차근차근 설명해주었다. 이것은 뭔가를 가르칠 때 매우 중요하다.

철강 회사 직원 수천 명이 정리해고 당했을 때 그 이유를 완전히 이해하는 사람은 소수에 불과했다. 대부분은 회사가 그들이 마음에 들지 않아서 해고하기라도 한 것처럼 배신 운운했다. 직원들이 자신의 급여가 고객들에서 나온다는 사실을 알아차리면 대부분 일에 대한 태도가 바뀐다. 자신이 회사의 일꾼이 아니라 고객에게 봉사하는 사람이라는 사실을 깨달으면 자신이 맡은 일이 얼마나 중요한지 알게 된다.

회사가 사람들에게 업무 이동을 시키는 한이 있더라도 끊임없이 기술 쇄신을 이루어야 하는 이유도 분명하게 이해할 수 있다. 효율성이 커지면 고객이 늘어나고 매출도 증가한다는 사실을 이해한다면 자신이 맡은 업무에 상대적인 안정감을 느낄 수 있을 것이다.

직원들에게 이렇게 말해야 한다.

"우리에게 가장 중요한 일은 고객을 확보하고 유지하는 것입니다. 그러므로 우리는 더 효율적으로 성장하고 새롭고 더 나은 서비스를 제공할 수 있는 방법을 찾아야 합니다. 그래서 우리는 여러분의 도움이 필요합니다. 여러분이 회사라는 가족 안에서 꼭 필요하고 중요한 사람이 되어주기를 바랍니다.

여러분이 맡은 일을 더 잘할수록 회사는 더 나아집니다. 우리는 앞으로 지금보다 나아져야 합니다. 고정된 것은 아무것도 없습니다. 우리 조직에는 고정된 방식이 없습니다. 만약 누군가가 여러분에게 '우리는 항상 이 방식대로 해왔다'라고 말한다면 의문을 제기하세요. 왜 더 나은 방법으로 하지 않는지. 아마 여러분은 더 나은 방법을 생각해낼 수 있을 것입니다."

나는 조직 내의 핵심 인물들과 좋은 책을 나눠 읽는 것이 좋은 일이라고 생각한다. 내가 책을 좋아해서 그런지 다른 사람들이 무슨 책을 읽는지 또는 읽지 않는지 지나치게 의식하는 경향이 있기는 하다. 하지만 장래가 밝은 임원들이라면 분명 중요한 책들의 컬렉션을 가지고 있을 것이다. 그렇지 않다면 수십 년 된 학위로 너무 무리하게 버티고 있는 것일지도.

우리는 아이들에게 모르는 사람이 차에 태워준다고 하면 거절하라고 가르친다. 그 밖에도 많은 것을 거절하라고 가르치고 우리 역시 아이들에게 '노'라고 말하는 경우가 많다. 우리는 품위를 떨어뜨리거나 상처를 주는 것들에 '노'라고 말한다. 담배가 암과 심장 질환을 유발한다는 사실을 알고는 거부한다. 그뿐만 아니라 포르노와 마약을 비롯해 우리를 끌어내리고 잠재력을 발휘하지 못하게 만드는 모든 것을 거부한다.

사람들이 마약이나 소위 정신을 맑게 해준다는 화학 물질을 복용하는 것은 언제나 나에게 흥미를 유발하는 주제였다. 세상과 그 안에 담긴 모든 가능성은 충분히 내 의식을 확장해준다. 무지개처럼 뻗은 선택권의 범위는 한 인간이 평생 다 경험하기 어려울 정도로 광대하다. 그리고 인간에게 주어진 기적 같은 뇌가 손상될지도 모르는 위험을 무릅쓴다는 것은 생명과 기쁨에 반하는 비생산적인 일처럼 보인다.

자기 삶에 대한 통제권을 약물에 내어주고 화학 물질의 노예가 되어 다음번 투약만을 기다리며 살아간다니 그보다 끔찍한 속박이 있을까. 약물의 노예가 되고 바로 그것 때문에 목숨을 잃을 수도 있다니 말이다. 그게 과연 의식의 확장이 맞을까? 내가 보기엔 그저 자살 행위에 불과하다. 어느 모로 보나 삶에 '노'라고 말하는 것이다. 삶의 기적을 온전히 의식하지 못하게 만든다면 삶에 '노'라고 말하는 것과 같다.

하지만 우리는 아이들에게 삶과 세상과 경이로움과 기회에 '예스'라고 말하는 것도 가르친다. 정말 그렇다! 지혜로운 사람들에게 삶은 축제다.

"모든 인간은 신이 변장한 것이고 신이 바보를 연기하는 것이다."

삶에 '예스'라고 말하지 말아야 할 이유가 있을까? 이 광활한 우주에서 우리의 삶은 그 무엇보다 경이롭다. 삶은 지구상에서 매우 자연스럽고 다른 곳에서는 찾을 수 없다.

인간은 시속 160만 킬로미터로 위대한 우주를 질주하는 이 놀라운 행성에서 자신의 운명을 스스로 책임진다. 우주의 신비 속에서 이 거대한 은하가 보이지 않는 축을 회전할 때 우리는 우리에게 생명을 주는 태양 주위를 회전하고 우리의 약간 불안정한 축도 달과 함께 회전한다.

가끔 이 사실을 떠올려보자. 우리는 공상 과학 소설이나 영화를 좋아하지만 현실에서 우리의 존재만큼 흥미로운 것도 없다. 우리가 살아가는 지구는 우주에서 모래 알갱이와도 같다. 우주에는 다른 수십억 개의 알갱이와 별들이 있는데 그중에는 태양의 위치에 놓으면 지구가 정중앙에 들어갈 만큼 거대한 것도 있다!

그 수많은 우주의 모래 알갱이 중에서 우리는 작지만 가장 아름다운 이 초록별에 살고 있다. 이곳에는 멋진 바다가 있고 눈과 빙하, 발 디딜 수 없는 사막과 살기 좋은 장소들이 있다. 나는 이런 생각을 할 때마다 경외심을 느낀다!

우리는 많고 많은 별 중에서도 지구에서 휴가를 보낼 수 있는 자격을 얻었다. 그런데 우리는 그 사실을 얼마나 과소평가하는가! 섬길 왕을 찾아서 무릎을 꿇고 비굴하게 종속되기를 원한다. "무엇을 해야 하는지 말해주세요! 이 길 잃은 어린 양에게 길을 보여주시고 이끌어주세요!"라고 외친다.

　일어나서 첫 번째 목적지를 선택하라. 바보짓을 그만두어야 한다. 아리스토텔레스는 말했다.

> "탁월함은 훈련과 습관화로 얻어진다. 우리가 올바르게 행동하는 이유는 미덕이나 탁월함 때문이 아니라 올바르게 행동했기 때문이다. 우리가 반복적으로 행하는 것이 바로 우리 자신이다. 그렇다면 탁월함은 행동이 아니라 습관이다."

> "우리가 반복적으로 행하는 것이 바로 우리 자신이다."

　하지만 우리가 행하는 것은 습관의 문제다. 탁월함은 습관이다. 평범함도 평균 이하의 형편없음도 전부 다 습관이다. 사람은 세상을 바라보는 관점과 일치하는 습관을 기르기 마련이다. 아리스토텔레스는 "우리가 올바르게 행동하는 이유는 미덕이나 탁월함 때문이 아니라 올바르게 행동했기 때문이다."라고 했다.

　무엇을, 어떻게 하느냐가 자신이 된다. 하지만 우리가 무엇을, 어떻게 하느냐는 개인적으로 선택할 수 있는 문제다. 인간은 무엇을, 어떻게 하느냐를 스스로 선택할 수 있는 지구상에서 유일한 생명체다.

세상에 '예스'라고 말하면 탁월함으로 이어진다. "그래. 나는 그 일에 최선을 다할 거야."라고 다짐하면서 반복적으로 잘하면 탁월함의 습관이 생길 것이다. 탁월함은 삶에 '예스'라고 말하는 멋진 방법이다. 탁월함은 언제나 우리에게 기쁨을 가져다준다. 또한 살아가는 시간을 즐기도록 해준다.

"탄생과 죽음을 막을 치료제는 없다. 그 사이를 즐기는 것밖에는."
- 조지 산타야나George Santayana, 철학자

"남자와 여자로서 우리의 의무는 어려움이 존재하지 않는 것처럼 나아가는 것이다. 우리는 창조의 협력자다."
- 피에르 틸하르트 드 샤르댕Pierre Teilhard de Chardin, 예수회 고생물학자

"믿음을 가지고 자신의 꿈이 있는 방향으로 나아가다 보면 그리고 상상했던 삶을 살려고 노력하다 보면 예상치 못한 순간에 성공을 만날 수 있다."
- 헨리 데이비드 소로

때때로 우리는 해방감을 선사하는 진실로 몇 번이나 머리를 두들겨 맞아야만 두 다리로 자신 있게 서서 스스로 훌륭한 삶을 만들어 나갈 용기를 낼 수 있을까 의아해한다.

잘못된 고정관념을 없애야 한다. 이를테면 "돈이 있어야 돈을 벌 수 있다." 같은 것 말이다. 만약 그게 사실이라면 세상에는 가난한 사람밖에 없을 것이다. 부자들에게도 시작점은 있었다. "인맥이 있어야 한다." 또는 "행운이 따라줘야 한다." 같은 말도 마찬가지다. 말도 안 되는 핑곗거리로 도전하지 않는 것을 합리화하려고 하지 마라.

개인적으로 나는 앞에서 소개한 위대한 인물들의 말에 동의한다. 말하지 말고 들어라. 내면의 목소리에 귀 기울여라. 말할 때는 아무것도 배울 수 없다.

제임스 앨런James Allen이 그의 작은 고전《위대한 생각의 힘》에서 표현한 방식이 마음에 든다.

"위대한 꿈을 꿔라. 그러면 꿈꾸는 동안 위대해질 것이다. 당신의 비전은 당신이 앞으로 무엇이 될 것인지에 대한 약속이다. 당신의 이상은 당신이 마침내 드러낼 예언이다."

"가장 큰 업적은 처음에는, 그리고 한동안은 꿈에 불과했다. 참나무는 도토리에서 자고 새는 알에서 기다리고 영혼의 가장 원대한 비전에서 천사가 몸을 떨며 깨어난다."

"꿈은 현실의 묘목이다."

"도덕적이든 아름답든 둘 다가 섞였든 당신은 자신의 비전(하릴없는 희망

사항이 아닌)을 깨닫게 될 것이다. 사람은 마음속으로 사랑하는 것에 끌리

게 되어있기 때문이다. 생각이 가져온 정확한 결과가 당신의 손에 놓일 것

이다. 당신이 얻는 결과는 스스로 가져온 것이다."

세상에 '예스'라고 말하는 것은 정신이 건강하고 균형이 잘
잡혀있다는 것을 의미한다. 메닝거 재단Menninger Foundation은 바
람직한 정신 건강의 지침을 제공한다. 다음은 고인이 된 윌리엄 메
닝거William Menninger 박사가 말한 감정적 성숙함의 기준을 내 나
름의 표현으로 설명한 것이다. 이 지침의 6가지 사항에 자신을 비
추어보자. 정신적으로 건강한 사람들의 여섯 가지 중요한 특징은
다음과 같다.

1. 다양한 곳에서 얻는 만족감.

미친 듯 수많은 활동을 추구한다는 것이 아니라 여러 다양한 방법으로 즐
거움을 찾는다는 뜻이다. 정신이 건강한 사람은 어떤 이유로 만족감을 하
나잃어도 다른 의지할 곳이 있다. 예를 들어, 친한 친구가 세상을 떠나면
무척 슬프겠지만 다른 좋은 친구들이 있어서 그들로부터 심리적인 자양
분을 얻고 회복할 수 있다. 만약 하나뿐인 친구를 잃는다면 달리 기댈 곳

이 없으므로 계속 외로움에 빠져 슬퍼할 것이다. 만약 유일한 관심사가 직업이나 직계가족, 하나뿐인 취미일 때도 비슷한 결과가 발생한다.

2 스트레스 상황에서의 유연성.

폭풍이 불어와도 큰 참나무 주변의 풀과 갈대는 파괴되지 않는다. 그것들은 유연하지만 참나무는 그렇지 않다. 정신이 건강한 사람은 힘든 상황에 적응할 수 있다. 문제를 마주하면 대안을 찾으려고 한다. 스트레스 상황에서의 유연성은 다양한 원천의 만족감과 밀접한 연관이 있다. 믿고 의지할 수 있는 곳이 많을수록 불안과 두려움을 일으키는 상황에 위협을 덜 받는다.

3. 한계와 강점에 대한 인정 및 수용.

정신이 건강한 사람은 자신에 대해 매우 정확하게 파악하고 있으며 자신을 마음에 들어 한다. 현재에 안주한다는 뜻이 아니다. 내가 다른 사람이 될 수 없음을 알고 있는 그대로의 나를 받아들인다는 뜻이다. 부족한 부분에 대하여 좌절하고만 있지 않고 자신이 가진 강점을 더욱더 갈고 닦는다.

4. 사람을 개인으로 대하는 것의 중요성을 이해함.

정신이 건강한 사람은 누구나 독창적이고 고유한 존재라는 사실을 알고 상대방이 중요한 존재로 인정받는 기분을 느끼도록 대해준다. 반면 오직 자신으로만 꽉 차 있는 사람은 타인에게 가식적인 관심을 보여줄 뿐이다. 자신에게만 몰두하느라 다른 사람의 미묘한 감정을 알아차리지 못하고 제대로 귀 기울이지도 않는다. 정신이 건강한 사람은 타인의 감정에 깊은 관심을 기울인다.

5. 활동적이고 생산적인 상태를 유지함.

정신적으로 건강한 사람은 자신은 물론 타인을 위해서 자신이 가진 자원을 활용한다. 좋아하는 일 또는 가진 기술을 즐겁게 사용할 수 있는 일을 한다. 스스로를 증명해야 한다는 생각에 좌우되지 않는다. 일에 끌려가지 않고 주도적으로 끌어나간다. 만약 그들이 리더가 되기로 선택한다면 주어진 상황에서 리더십을 발휘할 수 있는 기술이 있어서지, 타인에게 권력을 행사하기 위해서가 아니다.

6. 사랑할 수 있는 능력.

건강한 정신의 자격요건을 충족하는 것은 그렇게 어렵지 않지만 이 여섯 가지 중요한 기준을 전부 갖추어야 한다. 이 자격을 갖춘 사람들은 기회가 있을 때마다 삶에 '예스'라고 말하는 이들이다.

당신은 다양한 만족의 원천을 가지고 있는가? 스트레스 속에서도 유연성을 보이는가? 하버드 경영대학원은 스트레스에 대한 유연성을 유능한 임원의 가장 중요한 자격요건으로 꼽기도 했다. 당신은 자신의 강점은 물론 한계를 인식하고 받아들이는가? 다른 사람들을 제각각 인정받을 가치가 있는 고유한 존재로 대하는가? 활동적이고 생산적인가? 뒷좌석에 앉아서 다른 사람의 지시에 따르는 것이 아니라 운전석에서 직접 주도하는가? 사랑할 수 있는 능력이 있는가?

이 여섯 가지 기준에 모두 해당한다면 당신은 내가 이 책에서 말하는 사람이 분명하다. 어쩌면 삶의 새로운 목표와 새로운 관심사를 찾고 있을지도 모른다. 여섯 가지 기준을 충족하지 못한다면 충족하지 못하는 부분을 살펴보고 가능한 한 빨리 채우려고 노력해야 한다. 무엇보다 삶의 신선한 바람과 가능성이 원활하게 들어올 수 있도록 문과 창문을 활짝 열어두어야 한다는 것도 잊지 마라.

✦ 인생의 진리 ⑨ ✦

··

긍정은 언제나 탁월함으로 이어진다.

✦ 10장 ✦

부로 가는 길에
필요한 것

Earl Nightingale

몇 주 동안 마지막 장의 내용을 고민했다. 열두 번도 더 쓰려고 할 때마다 번번이 주의가 흐트러져서 정처 없이 헤맸다. 그러던 어느 날 아침에 커피를 마시다가 문득 내가 당신을 위해 마지막 장을 쓸 수 없다는 사실을 깨달았다. 그것은 당신이 해야 하는 일이다. 나는 나를 위한 마지막 장도 쓸 수 없다. 아직 인생을 살아가는 과정에 놓여있기 때문이다. 그동안 많은 일을 하고 올바른 습관을 쌓았으며 지금은 인생의 책의 마지막 페이지를 색칠하고 있다.

가장 흥미로운 사실은 내가 인생의 이 장을 가장 즐기고 있다는 것이다. 사실은 마땅히 그래야만 한다. 설문조사에 따르면 나이가 들수록 더 행복해지는 경향이 있다. 사람들은 서른 살보다 마흔 살에 더 행복하고 쉰 살에 마흔 살보다 더 행복하다. 나도 61세 때 그 어느 때보다 더 큰 행복을 느꼈다고 확실하게 말할 수 있다. 내가 61세라고 말하는 이유는 내 삶을 빛과 웃음으로 가득 채워준

다이애나를 만났을 때의 나이가 61세이기 때문이다.

나도 많은 미국인처럼 결혼생활에서 어려움을 겪었다. 첫 번째 결혼은 18년 동안, 두 번째 결혼은 14년 동안 비틀거렸으니 책임감을 손쉽게 놔버린 것은 아니라는 사실을 알 수 있을 것이다. 두 번째 결혼이 끝난 후에 다시는 결혼하지 않겠다고 맹세했다. 일생을 함께할 동반자라는 확실한 믿음을 주는 사람을 만나지 못한다면 절대로 할 생각이 없었다. 그런 사람을 만나기까지 7년이 걸렸다! 하지만 그 시간은 일분일초도 빠짐없이 가치가 있었다.

나는 다이애나를 만나 결혼한 이후로 (이 글을 쓰는 지금 5년밖에 되지 않았다) 지금까지 살면서 그 어느 때보다 행복해졌다. 매일 하루는 우리 두 사람 모두에게 멋진 경험을 선사한다. 우리는 같은 궤도를 돌면서 서로 마주치기를 기다리는 닮은 영혼이었다.

그 7년의 세월 동안 나는 그녀를 만나리라는 것을 알았다. 마침내 만났을 때 우리 두 사람의 삶이 드디어 제자리에 맞춰진 기분이었다. 정말로 그랬다. 지금 우리는 책의 후반부를 함께 색칠하면서 앞으로 오랫동안 함께할 즐거운 모험을 기대하고 있다. 이렇게 행복하고 다채로운 인생의 마지막 장을 맞이할 수 있어서 끝없이 감사한 마음이다.

지금까지 살아오면서 항상 딱 필요한 순간에 (단 1초도 빠르거나 늦지 않고) 가장 큰 행운이 찾아와주곤 했다. 물론 좌절도 겪었지만 이 책에서 소개한 방법들이 효과가 있으리라는 믿음을 잃지 않았고 정말로 몇 번이고 그 효과를 다시 확인할 수 있었다.

그렇다. 우리는 마음이 얻고자 하는 것을 얻는다. 삶의 세 가지 중요한 영역인 일과 가족, 소득(순서가 중요성을 말하지는 않는다)에서 우리가 기대하는 그대로가 현실로 이루어진다.

어렸을 때부터 내 꿈은 작가가 되는 것이었다. 방송은 그 과정에서 우연히 등장한 행운의 파생 상품 같은 것이었다. 2차 대전 이후 해병대에서 제대한 이후로 쭉 내 일은 만족스럽게 진행되고 있다. 1950년부터 라디오 방송 원고를 직접 쓰고 진행했다. 1956년부터는 성취에 대한 좋은 생각을 널리 퍼뜨리고 싶어서 글을 쓰고 오디오 버전을 녹음했다.

인간이 완전히 이해하기 어려운 생각 중 하나는 우리가 사회적인 동물이지만 성취는 개별적이고 고립된 일이라는 것이다. 다시 말하자면 우리는 수백만 인구와 함께 살아가면서 그 속에서 성공적인 관계를 맺어야 하지만 (실제로 우리의 성공은 그들과의 관계에 좌우된다) 목표를 달성하기 위해서는 따로 혹은 다르게 생각하고 행동할 필요가 있다.

서로에 대한 진정한 사랑과 행복으로 가득한 성공적인 결혼 생활은 성격도, 인생 경험도 완전히 다른 두 사람이 만나 더 나은 하나가 되는 것에 좌우된다. 마찬가지로 수많은 사람에 둘러싸여 살아가는 우리가 개인으로서 이루는 성공도 가족, 직장, 소득의 세 가지 범주에서 개인적으로 이루어져야 한다.

셋 다 필요하다. 소득에는 서로 별개의 중요한 두 가지가 있다는 것을 명심하라. 우리가 제공하는 서비스에 대한 대가로 버는 돈, 그 과정에서 자신의 온전한 쓰임새를 발견하면서 얻는 정신적인 소득이다. 정신적인 소득은 가족과 일 모두에서 나오고 자존감으로 이어진다. 자신감이 커져서 자신을 온전하게 받아들이게 된다. 우리는 세 가지 모두가 필요하고 두 종류의 소득이 다 필요하다.

자신에게 맞는 여자를 만나지 못한 남자는 완전하지 못한 반쪽짜리다. 여자도 마찬가지다. 혼자서는 완전하지 못하기에 우리는 반쪽을 찾아 헤맨다. 진정한 반쪽을 만나 하나가 되는 순간 불이 켜지고 음악이 흘러나오고 불가능이 없는 것처럼 느껴진다.

일에 관한 생각도 마찬가지다. 직업이든 경력이든 뭐라고 불러도 좋다. 두 개의 반쪽이 만나 하나가 된다. 하지만 성공한 결혼 생활이 다른 모든 결혼과 다르듯 한 사람과 천직의 관계는 다른 모든 사람의 그것과 다르다. 같은 분야에 몸 담그고 있더라도 예외는 아니다. 세상에 똑같은 사람은 없으므로 누구나 일에 다른 경험과 다른 유전적 소인을 더한다.

나와 다이애나는 만나서 깊은 사랑에 빠지기 전에 다른 사람들과 결혼생활을 했다. 하지만 나도 그녀도 이전 배우자에게는 우리의 관계에서 서로에게 주는 것을 주지 못했다. 지금처럼 각자의 특징이 어우러져서 서로에게 이로운 효과를 내는 놀라운 경험도 한 적이 없었다. 마치 장인이 이상하고 복잡하게 생긴 두 개의 조각을 만들어 서로 다른 시간대에 수천 킬로미터 떨어진 태평양에 던진 것과 같았다. 그 안에는 완벽한 짝을 찾아주는 장치가 들어 있었지만 먼저 다른 사람과 완전하지 못한 관계를 맺어야만 그 기능이 작동할 수 있었다.

그러다가 마침내 어느 날 아침 완전히 낯선 환경에서 두 복잡한 조각들이 서로 가까운 곳까지 떠내려왔고 상대가 자신에게 잘 맞는지 다시 한번 빙빙 돌며 가늠해보기 시작했다. 그리고 딸깍 소리와 함께 서로 잘 맞는 한 쌍이라는 사실을 발견했다. 처음에는 완벽하지 않았지만 하루가 지날수록 더 잘 맞았고 마침내 이음매가 보이지 않을 정도로 매끄럽게 하나가 되었다. 그 후로 우리는 하나를 이루는 부분으로 존재하게 되었다. 둘은 함께하게 되었고 가족을 이루는 데 성공했다!

일도 비슷하지만 좀 더 큰 자유가 허락되어야 한다. 모차르트는 훌륭한 오페라를 썼지만 유쾌한 보드빌 촌극도 만들었다. 독창적인 음악이 개입된 일이라면 무엇이든 모차르트는 물 만난 물고

기였다. 건축가는 주택을 설계할 수 있고 큰 강당이나 교회, 아이들의 나무집, 교도소도 설계할 수 있다.

짝을 찾으려면 그 사람이 존재해야 한다는 것을 알아야 한다. 그러면 머지않아 그 사람과 접촉하게 될 것이다. 마음의 반쪽이 어딘가에 존재한다는 기대와 함께 아직 흐릿한 그림을 머릿속에 그리고 있으면 우리는 정확한 신호를 끌어들이도록 설정된 자석이 된다. 스캐닝 레이더와 비슷하다. 그저 불이 켜지고 음악이 흘러나올 때까지 기다리면 된다.

자신에게 맞는 일을 찾고 그 일을 하면서 사는 것도 어떤 면에서는 매우 비슷하다. 다른 일을 할 때는 느낄 수 없는 안정감과 능숙함을 느낀다는 것만 빼고. 우리는 다른 수많은 이성을 만날 수 있는 것처럼 다른 수많은 일을 할 수 있다. 하지만 흔하지 않은 수준으로 쉽고 능숙하게 할 수 있는 일이 있기 마련이다. 로빈슨 제퍼스Robinson Jeffers나 에드거 앨런 포Edgar Allan Poe가 감동적인 시를 쓴 것처럼, 월터 페이튼이 미식축구를 하는 것처럼 각자 뛰어난 기량을 보일 수 있는 일이 있다. 그런 일을 만나면 당신은 성공할 수 있다.

그런 일을 만나면 대개 소득은(두 가지 종류의 소득 모두) 저절로 알아서 따라온다. 하지만 이 두 가지 큰 부분에서 성공을 거둔

다음에는 창의적인 사고를 해볼 시간이다.

창의적으로 생각하면 끝없이 흥미롭고 끝없이 성공적인 삶이 보장된다. 창의적 사고가 있으면 라스베이거스에서 쓰는 표현처럼 '승운을 타고' 승승장구할 수 있다. 워낙 잘 나가서 자신이 멈추고 싶을 때만 멈출 수 있다. 끝낼 필요도 없고 다른 사람들이 계속 이어가는 경우가 많다.

창의적인 사고는 행복한 가정생활과 올바른 일(그 일이 무엇이든 언제나 다른 사람들을 도와주는 일이어야만 한다. 그것이 우리가 세상에 존재하는 이유니까)에 관한 목표가 계속 확장될 수 있도록 해준다. 흥미로운 할 일이 매일 생긴다. 할 일이 없는 한가로운 일요일이나 연휴도 의미가 있을 것이다. 열심히 노력해서 얻은 휴식 시간인 만큼 기분이 좋아질 테니까. 수많은 사람이 같은 이유로 은퇴생활을 즐기고 있다. 정당하게 얻은 휴식이니 하고 싶은 일을 하면서 매일 하루를 보낸다.

내가 캘리포니아 카멜에서 이 장을 쓰고 있을 때 페더럴 익스프레스 배송 기사가 방문했다. 스물여섯 또는 일곱 정도의 유쾌하고 매력적인 여성인데 여러 달 동안 항상 즐거운 얼굴로 만났다. 나는 그녀에게 페더럴 익스프레스에서 일하는 것이 즐거운지 물었다.

"좋아요."

그녀가 말했다. 항상 활기차고 유쾌한 모습으로 편지와 소포를 배달하고 받아 가는 그녀였기에 그럴 거라고 생각했다.

내가 페더럴 익스프레스 덕분에 수많은 젊은 여성과 남성들이 의미 있는 일자리를 찾았다고 말했다. 그러자 그녀는 다음 주에 열리는 페더럴 익스프레스 왓슨빌 지점 오픈 파티에 우리 부부를 초대했다. 왓슨빌은 우리가 사는 곳에서 북쪽으로 몇 킬로미터 떨어진 곳이었다.

"다들 프레드 스미스가 오기를 바라고 있어요." 그녀가 말했다.

"프레드 스미스가 누구죠?" 내가 물었다.

"페더럴 익스프레스 창업자예요." 그녀는 내가 그를 모른다는 사실에 놀란 기색이 역력했다.

"우리가 그를 초대했거든요. 바빠서 못 오는 일이 없어야 할 텐데."

프레드 스미스라니! 우편물과 소포 배달의 완전히 새로운 세계를 창조한 사람치고는 정말 평범한 이름이라는 생각이 들었다. 그는 놀라운 재능을 지닌 대단한 사람임이 틀림없으리라. 그가 일만큼이나 가정생활에서도 성공을 거두었기를 바란다. 그의 뛰어난 상상력에서 나온 아이디어가 수십만, 수백만의 사람들을 도울 수 있게 되었다!

프레드 스미스의 훌륭한 생각 덕분에 세상에 필요한지도 몰랐던 서비스가 갖춰졌다! 페더럴 익스프레스 덕분에 수천 개의 일자리가 새롭게 생겨났다. 조종사와 지상 직원들, 수백만 달러의 장비를 만드는 사람들, 우리 집에 오는 유쾌한 젊은 여성 같은 활기찬 배송 기사들. 이런 기업은 헤아릴 수 없을 만큼 막대한 번영을 널리 퍼뜨리고 있다. 프레드 스미스가 왓슨빌의 오픈 파티에 참석했기를 바란다.

아이디어는 실행할 때 가치가 있다

페더럴 익스프레스는 좋은 아이디어를 실행에 옮길 때 일어나는 긍정적인 효과의 좋은 예다. 그리고 창의적인 사고의 예로도 완벽하다! 편지와 소포 배달은 세계적으로 오래된 사업 중 하나이며 항공 우편 또한 항공의 역사만큼이나 오래되었다. 하지만 미국의 이 지역에서 저 지역으로 하루 만에 배달해주는 서비스는 새로운 아이디어였다. 이제 그 서비스는 확실히 자리 잡아 전성기를 누리고 있다. 사실은 미국 우체국이 떠올렸어야 할 아이디어였다. 하지만 창의적인 생각에 독점은 절대로 통하지 않는 법이다. 그 둘은 양립할 수 없고 절대로 같은 부류의 사람들을 끌어당기지 않는다.

당신과 당신이 하는 일은 어떤가? 창의적인 사고가 어떻게 당신의 일에 혁신을 가져올 수 있는가?

삶의 모든 영역(일, 두 가지 유형의 수입, 가족)에 1부터 10까지 점수를 매겨보자. 다행스럽게도 내 삶의 모든 영역은 10점이다. 물론 오랫동안 일구어 온 결과다. 나는 내 일을 사랑하고 원하는 수준의 소득을 올리고 있으며 가정생활도 이보다 더 좋을 수는 없다. 여기에서 멈출 생각은 없지만 현재 계획대로 일정이 진행되고 있다. 아직 이루지 못한 목표들이 기다리고 있고 매일 조금씩 가까워지고 있다. 지금 10년 전을 돌아보듯 10년 후에 이 시간을 돌아볼 것이다. 아마도 만족스러울 것 같다. 시간을 되돌리고 싶은 생각은 절대로 들지 않을 것이다. 내 인생은 앞으로 갈수록 계속 좋아지고 있으니까.

네 번째 요소로 창의적인 사고를 추가하자. 그러면 우리의 목록은 다음과 같다.

1. 일
2. 소득(심리적 소득과 금전적 소득)
3. 가족
4. 생각

"난 별로 창의적이지 않은데."라고 말하는 사람도 있을 것이다. 하지만 그렇게 창의적이지 않아도 아이디어 하나쯤은 떠올릴 수 있다.

누군가 성공하면 모두가 이익을 얻는다. 공동체와 국가 전체가 이득이고 시간이 지나면 전 세계가 이득이다. 과거에 존재하지 않지만 지금 매일 당신을 이롭게 하는 것들이 얼마나 많은지 생각해보라. 그것들은 전부 좋은 아이디어로 출발했다. 좋은 아이디어는 무료다. 아이디어를 실행하려면 많은 돈이 필요할 수도 있다. 좋은 아이디어는 돈을 끌어당긴다. 아이디어가 좋을수록 더 많은 돈을 끌어들인다.

리갈 패드와 펜을 사용하는 습관을 길러라. 떠오르는 생각을 적어라. 특히 당신에게 감정적으로 영향을 미치는 생각은 꼭 적어야 한다. 개인적으로 다루고 싶어지는 아이디어 말이다. 최근 뉴올리언스에 사는 여성으로부터 편지를 받았다. 그녀는 수년 동안 버려진 애완동물이나 가축들이 받는 대우에 큰 관심을 가졌다.

SPCA(동물학대방지협회)에 가입하고 돈을 기부하기도 했지만 그녀 같은 사람들이 국가적으로 긴급하고 수치스러운 문제에 실질적인 변화를 일으키기에는 충분하지 않다고 느꼈다. 어느 날 그녀는 〈매시M*A*S*H〉 같은 TV 시리즈가 있으면 좋겠다는 아이디어를 떠올리게 되었다. 동물 보호와 관리에 관한 프로그램이 그녀가 원하는 거대한 규모의 움직임을 일으켜주리라는 생각이 들었다.

물론 〈매시〉 같은 TV 프로는 없다. 〈매시〉는 처음에도 그랬고 지금도 특별하고 고유하다. 전쟁의 부조리와 잔인함이라는 중요한 주제를 다루었고 각본과 연기도 뛰어난 훌륭한 작품이다. 하지만 그녀의 말이 무슨 뜻인지 이해되었고 동의했다. 나는 직접 대본을 써서 적절한 사람들에게 연락하는 것은 전적으로 그녀에게 달린 일이라고 답장을 보냈다.

실체 없는 아이디어, 두 손으로 붙잡고 머리를 긁적일 수 없는 아이디어는 그야말로 아이디어에 불과하다. 그 이상도 이하도 아니다. **아이디어의 가치는 소매를 걷어 올리고 밤을 새우고 땀을 흘려가며 실행하는데 달려 있다.** 하지만 크고 가치 있는 아이디어라면 그 과정은 당신에게 큰 재미를 줄 것이다.

앞에서 설명했듯이 성공에는 100퍼센트의 헌신이 필요하다. 위험을 무릅쓰지 않고는 성공할 수 없다. 균형 잡는 막대를 기억하라. 지적인 위험 속에는 소위 '안전한' 직업보다 더 많은 성공 기회가 숨어있는 법이다. 세상에는 직접 발 벗고 나서지도 않고 재정적인 위험도 감수하지 않고 그냥 아이디어를 내던지기만 하는 사람들이 많다.

몇 년 전 어떤 남성에게 "나이팅게일 선생님, 저에게 훌륭한 아이디어가 있는데 책으로 쓸 의향이 있으시면 알려드리겠습니다."라는 내용의 편지를 받았다. 정말로 좋은 아이디어라면 저절로 말이 떠오를 테니 그가 직접 책을 쓸 수 있을 거라고 답했다. 정말 그렇다. 정말로 하고 싶은 말이 있으면 말이 술술 나오기 마련이다.

또 이런 일도 있었다. 메모 덕분에 하고 싶은 말을 기억했다가 다 할 수 있다는 내용의 강연을 끝냈을 때 한 남자가 나에게 다가와서 말했다.

"이 강연을 위해서 준비하신 메모를 저에게 줄 수 있습니까?"

나는 놀라서 그를 쳐다보았다. 그 메모는 수십 년간의 연구와 철저한 정리가 합쳐진 결과물이었다. 전날 밤에만 해도 몇 시간을 잡고 있었던 터였다. 그런 물건을 그렇게 쉽게 달라고 하다니! 그의 스피치에는 그 자신의 공부와 생각이 담겨야 한다고 최대한 친절하게 말했다. 내 강연을 듣는 동안 메모를 했는지 묻자(메모하는 사람들이 많았다) 그의 대답은 이러했다.

"아뇨. 미안합니다. 메모할 종이가 없어서요."

그는 언젠가 내가 캘리포니아주 산타크루즈에서 몬테레이까지 약 80킬로미터 거리를 공짜로 태워준 히치하이커와 똑같았다. 그 하이하이커는 차에서 내릴 때 "혹시 5달러만 주실 수 있나요?"라고 했다.

나는 말했다. "아뇨, 5달러는 못 주지만 좋은 생각이 있습니다. 에어컨이 달린 내 멋진 차로 당신을 80킬로미터나 되는 거리를 태워줬지만 그 비용은 받지 않겠습니다. 어때요?" 그는 뭐라고 중얼거리더니 문을 제대로 닫지도 않고 내렸다.

나는 그날 강연에서 그 남자가 달라던 메모에 담긴 말을 이미 청중에게 다 전달했다. 그가 가진 문제를 대부분 해결해줄 수 있는 생각들을 전부 알려주었다. 보아하니 강의 내용은 그냥 한 귀로 듣고 한 귀로 흘려버리고 내 메모를 공짜로 얻어야겠다는 결론에 도달한 모양이었다. 하지만 과연 공짜가 맞을까? 무임승차를 좋아하는 사람은 어떻게든 터무니없이 비싼 가격을 치르게 된다.

군이 창의적인 생각이라고 표현할 필요도 없다. 모든 생각은 창의적이니까. 많은 사람이 '창의적'이라는 단어 때문에 지레 겁을 먹는 듯하다. 창의적인 생각이 음악이나 그림, 시 같은 창의적인 예술 활동과 비슷하리라고 추측하는 것이다.

하지만 우리는 생각에 필요한 장비를 넉넉하게 갖추고 있어서 자신은 물론이고 세상의 수많은 이들을 만족시킬 수 있을 만한 생각을 충분히 떠올릴 수 있다. 생각은 인간의 고유한 능력이기 때문이다.

현재 하는 일에 만족한다면 계속해라. 그 안에서도 얼마든지 창의적인 가능성을 찾을 수 있을 것이다. 전업주부에게도 가능성은 무궁무진하다. 취미나 여가 활동을 비롯한 일 이외에의 것에서 창의성을 표현할 기회를 찾는 것도 좋다. 하지만 자신의 장점을 활용해야 한다. 그것은 생각에서 시작된다. IBM의 토머스 J. 왓슨 Thomas J. Watson은 "생각하라."라고 강조했다. 생각이 IBM에 어떤 결과를 가져다주었는지 보라.

✦ 인생의 진리 ⑩ ✦

성공하고 싶다면 생각하라.

성공의 즐거움을
당신도 누릴 수 있기를

어떤 사람이 미국에서 성공하고 그 이유는 무엇인가?

미국에서 성공한 사람은 연봉과 목표, 라이프스타일을 스스로 정한다. 성공하는 사람은 인생이 자신의 요구사항을 기꺼이 들어줄 준비가 되어있음을 안다. 그는 자기 안에서 시장성 있는 요소를 발견하고 개발하여 적절한 보상을 얻는다. 나아가 자신의 필요와 욕구를 충족해줄 소득 수준을 정한다.

성공하지 못한 사람은 자신이 받는 임금 수준에 라이프스타일을 맞춘다. 받는 입장이므로 자신의 경제적 행복에 대한 주도권이 거의 없다. 성공하는 사람들은 인생의 운전대를 직접 잡는다. 성공하지 못한 사람들은 조수석에 앉는다.

우리는 우리가 하는 일에 대해 저마다의 금액으로 보상받는다. 우리가 무슨 일을 하는지, 그 일에 대해 어느 정도의 가격을 받을 것인지는 대부분 개인적인 선택의 문제다. 만약 개인적인 표현의 기회를 대기업이라는 조직의 틀 안에서 발견한다면 원하는 수준의 성취와 보상에 이르기 위해 자신을 개발하는 일에 힘쓸 수 있다.

성공하려면 시간이 필요하다. 그래야만 한다. 시간의 흐름을 통해 경험을 쌓고 하나씩 연이어 성공을 거두는 과정을 통해 주변 사람들에게 능력을 인정받을 필요가 있기 때문이다. 의미와 풍부한 보상이 따르는 여정은 시간이 걸릴 수밖에 없다. 세심한 준비와 계획도 필요하다. 그리고 노련한 여행자라면 잘 알겠지만 그 여정에서 예측불허의 사건과 실수, 타인의 비효율성도 만난다. 하지만 모험과 역경이 있는 만큼 확실한 상승곡선과 모멘텀도 있다.

그리고 당연히 그 여정에는 궁극적인 목적지가 있다. 그 목적지는 우리가 주도권을 잡고 추구하는 목표다. 노련하고 단호한 여행자는 상승곡선을 그릴 때마나 나음번에 나타날 고원에 내비한다. 목적지에 달성하는 순간을 계속 머릿속으로 그리며 열정을 잃지 않거나 갑자기 여정을 끝내야만 하는 일(전쟁과 사고 같은 조용한 비극)이 생기지 않는 한, 목표와 목표 달성에 따르는 보상은 온전히 그 사람의 것이다.

"여정은 여인숙보다 낫다."라고 한 세르반테스의 말을 기억하라. 여정은 우리의 삶, 지구별에서의 휴일, 사는 동안 연속으로 새로운 목표를 세우고 관심사의 바다로 뛰어들면서 보내는 시간이다!

우리는 기대하는 만큼 받는다. 대개는 그보다 더 많이 받는다. 사람은 생각하는 대로 된다. 우리는 자신의 진정한 욕망과 의지의 크기만큼 성공한다. 자신의 강점을 발견하고 쌓아나감으로써 가능하다.

당신의 강점은 무엇인가? 지금쯤은 알고 있어야 한다. 당신이 가장 잘하는 일은 무엇인가? 무엇이 가장 크고 가장 깊은 만족감을 주는가? 그것이 무엇이든 시장성 있는 일로 개발하고 사람들에게 서비스를 제공함으로써 원하는 보상을 얻을 수 있다. 그렇게 한다면 반드시 보상이 따를 수밖에 없다.

하지만 그것은 당신이 직접 해야만 하는 일이다. 아무도 대신 해줄 수 없다. 당신의 손을 잡아줄 사람도, 미끄러지거나 넘어질 때마다 도우러 달려오는 사람도 없을 것이다. 정당하게 성공의 자격을 얻어야 한다. 물론 지혜롭고 활력이 넘친다면 도움을 얻을 수 있는 방법은 얼마든지 있다.

책이나 우리 회사가 만드는 카세트테이프 프로그램 같은 것들에서 도움을 얻을 수 있다. 일단 여정을 시작하면 당신을 도와

줄 수 있는 사람이 많이 나타날 것이다. 하지만 일부러 찾으려고 애쓰면 안 된다. 절실하게 필요할 때 마치 마법처럼 구세주가 눈앞에 나타날 테니까.

퍼즐 조각이 맞춰지듯 삶의 모든 부분이 딱딱 제자리에 들어맞기 시작한다. 이런 행운은 자신이 어디로 가고 있는지 알고 무슨 일이 있어도 도착할 수 있다는 태도를 지닌 사람들에게 나타난다. 내 친구 찰스 가필드Charles Garfield 박사가 그의 책《정점의 퍼포먼스Peak Performance》에서 표현한 것처럼 그런 사람들은 "의도와 즐거움으로" 목표에 접근한다.

저명한 에이브러햄 매슬로 박사는 이렇게 말했다.

"자신이 가진 능력보다 덜한 사람이 된다면 경고하건대 당신은 남은 삶 동안 불행해질 것이다. 자기 능력과 가능성을 발휘하지 못할 것이다."

여기에 한마디를 추가하고 싶다. 큰 성공을 거두는 것이 목표이지만 안전한 길을 택한다면 안타깝게도 큰 실수를 저지르는 것이다. 성공에는 위험이 따르며 완전한 헌신이 필요하다. 따스하고 편안한 것을 추구하는 사람들은 예전 동네와 작은 꿈과 함께 남겨두고 당신은 혼자 위험을 무릅쓰고 새로운 도전을 해야 한다.

위험과 성공은 접시저울의 양쪽 끝에 놓여있다. 서로 무게가 비슷해야 존재할 수 있다. 위험이 올라가면 기본으로 필요한 밑돈이 많아지고 골프장 이용료가 올라가고 회원 자격이 제한된다. 하지만 놀이가 더 재미있어지고 줄 서서 기다릴 필요도 없어진다.

영화 제작자 마이크 토드Mike Todd의 말이 잘 표현해준다.

"빈털터리는 일시적인 상황이다. 가난은 마음의 상태다."

미국에서 어떤 사람이 성공하는가? 캐나다, 멕시코, 페루, 프랑스, 서독이나 일본에서는? 다른 나라에서는? 어디에서든 자신의 삶을 스스로 책임지고 능력을 최대한 발휘할 수 있는 방향으로 이끄는 사람이 성공한다.

성공하지 못하는 사람은 누구인가? 삶의 방향을 주도적으로 결정하지 않고 자신이 놓인 환경에 반응하기만 하면서 살아가는 사람이다. 그들은 환경의 일부가 된다.

삶의 어느 단계에 머물러 있든 환경은 그때의 우리를 비춰주는 거울이다. 과도기일 수도 있지만 대개는 우리 자신과 준비와 기여의 범위를 영구적으로 말해주는 경우가 많다.

하지만 금전적 소득과 라이프스타일이 결혼한 남자에 의해 크게 좌우되는 수많은 여성은 어떤가? 역시나 그것은 여성이 내린 선택이 가져온 결과다. 그녀는 자기 인생의 금전적인 부분을 남편의 능력이나 야망에 맡길 필요가 없었다. 결혼했든 하지 않았든 여성도 스스로 결정을 내릴 수 있는 자유와 뛰어난 사고 능력이 있다. 자신의 지성과 창의성, 재능을 서비스 제공에 보탠다면 결혼생활에 큰 도움이 될 수 있다.

가족의 성공은 아내의 덕분인 경우가 대부분이다. 대개 여성은 남성보다 실용성이 더 뛰어나다. 또한 여성은 오른쪽 뇌와 왼쪽 뇌, 즉 높은 창의성과 논리적이고 실용적인 부분이 올바른 균형을 이루는 경향이 있다. 다이애나의 도움이 없었더라면 내 인생과 내 세상은 슬프게도 불완전했을 것이다.

나는 일생의 직업으로 선택한 일 때문에 강연을 하는 일이 많다 보니 공적인 자리에서 불편할 정도로 커다란 관심이 쏠린다. 하지만 다이애나를 내 아내라고 소개할 때마다 할 수만 있다면 그 자리에 있는 모두에게 말해주고 싶다. 그녀가 나라는 사람과 우리 부부의 삶에 얼마나 더 큰 존재인지.

최근에 나는 그녀에게 이렇게 말한 석이 있다. 내 삶에서 그녀는 지구에 태양과도 같은 존재라고. 결혼 후 우리가 거둔 성공에 그녀가 어떤 역할을 했는지는 이루 말로 다 설명할 수 없다. 확실한 것은 그녀가 없었다면 불가능했으리라는 것이다. 그녀 덕분에 이 여정이 가치 있고 훨씬 즐겁다. 그녀는 우리가 하는 모든 일에 차분한 지성을 보태준다. 놀라운 유머 감각과 편안한 웃음과 신속한 반응이 너무도 매력적이고 사랑스럽다.

"모든 성공한 남자 뒤에는 훌륭한 여자가 있다."라는 옛말은 잘난 척하는 느낌도 가득한 데다 터무니없는 소리다. "자기 잠재력을 전부 다 펼치지 못한 남자 뒤에는 실패한 여자가 있다."라는 말만큼이나 터무니없다. 세상에는 남편의 실패를 불평 없이 나누는 훌륭한 여성도 많지만 성공한 남자 뒤에 어리석은 여자들도 있고 그 반대도 마찬가지다.

남자와 여자의 조합은 매우 다양하다 보니 어떤 남자가 어떤 여자와 결혼하는 이유 혹은 어떤 여자가 어떤 남자와 결혼하는 이유에 대한 지침이나 설명은 존재하지 않는다. 하지만 성취의 규칙은 성별과 아무런 관계가 없다. 그것은 남자와 마찬가지로 여자에게도 똑같이 적용된다. 뿌린 대로 거두리라.

당신이 다른 사람들에게 제공하는 서비스의 범위를 정확하게 평가해보고 싶다면 당신이 받는 보상의 범위를 생각해보면 된다. 물론 당신은 보상을 너무 적게 받고 있을 수도 있다. 하지만 상황을 그대로 받아들인다면 스스로 타협을 선택하는 것이다.

성취도가 너무 낮거나 너무 높은 사람과 결혼해서 삶의 너무 많은 것을 잃는다고 생각하는 여성이라면 공통점을 가진 사람과 결혼했어야 한다. 물론 공통점에는 목표도 포함된다. 만약 배우자의 진전과 성취가 만족스럽지 않다면 내가 직접 보태면 어떨까? 문제를 풀거나 도울 방법이 있을까? 당신의 강점은 무엇인가? 그것을 최대한 활용하고 있는가? 자신이 가진 역량을 얼마나 개발했는가?

사람들은 성공한 이들이 특권을 누리며 잘사는 모습을 보면 이렇게 생각한다.

"아, 나도 저런 것들을 갖고 싶다. 저 사람들은 정말 운도 좋지!"

운이라고? 행운은 준비가 기회를 만났을 때 생긴다. 저렇게 말하는 사람들은 성공에 이르기까지 계획과 공부와 준비 시간이 있었다는 사실을 알지 못한다. 긴 시간 동안 불굴의 의지로 노력했다는 것을. 그저 결과물만 보고 행운이라고 말한다.

수년 전 시카고 WGN에서 일일 라디오 방송과 TV 프로그램을 진행할 때였다. 시카고 라디오 방송국의 영업부장인 친구가 함께 점심을 먹다가 흥미로운 이야기를 해주었다. 그의 컨트리클럽에서 일주일 전에 일어난 이야기였다. 그날도 평소와 다름없이 그를 포함한 네 명이 골프를 치고 있었다. 한 홀의 티가 간선도로와 인접해 있었다. 네 사람이 티로 가고 있는데 티 옆쪽으로 대형 화물 트럭이 멈춰 서더니 운전석에서 거구의 운전사가 내렸다. 그는 티에서 불과 몇 미터 떨어진 울타리에 기대어 그들이 티샷을 날리는 모습을 지켜보았다.

골프를 칠 때, 특히 각 홀에서 처음 공을 칠 때 다른 멤버들이 지켜보는 것은 흔한 일이었다. 다른 그룹이 준비하면서 구경하는 것이다. 하지만 이 경우는 달랐다. 평일에 골프를 즐기는 4명의 중년 남자를 바라보는 트럭 운전사에게서 적개심이 마구 뿜어져 나왔다.

내 친구 빌의 차례였고 그는 티꽂이로 다가가 공을 올렸다. 그 뒤에 서서 저 멀리 페어웨이를 바라보고 연습 삼아 가볍게 스윙을 몇 번 했다. 그는 집중력을 되찾으려고 필사적으로 노력했다. 열심히 구경하고 있는 트럭 운전사 쪽에서는 아무 소리도 들리지 않았다. 빌은 자세를 잡고 3번 우드(이 상황에서 좋은 선택이었다)를 이리저리 흔들어보았다. 그리고 다시 한 번 페어웨이를 바라보고 트럭 운전사를 재빨리 힐끗 보았다. 순간 트럭 운전사가 크고 분명한 목소리로 외쳤다. "그냥 좀 쳐라! 이 부자 놈아!"

빌은 온 힘을 다해 3번 우드로 스윙을 날렸다. 잘못 올라간 공이 티에서 떨어졌다. 순간 그는 이성을 잃었다.

빌이 그날 점심 식사에서 나에게 말했다. "비극은 내가 부자가 아니라는 거지!"

빌은 모든 일이 다 끝나버리고 뒤늦게 상상했다. 그가 저 멀리 떨어진 페어웨이 중앙으로 인생 최고의 샷을 날리는 순간 놀란 트럭 운전사가 입을 벌리고 감탄하고 쳐다보다가 어슬렁어슬렁 트럭으로 돌아가는 모습을.

빌은 전형적으로 일 때문에 골프를 치는 경우였고 열심히 일하는 영업부장이었다. 트럭 운전사가 떠나고 빌의 샷 실패로 모두의 관심이 집중되었다. 친구들은 자기들도 아까처럼 트럭 운전사가 심술궂게 째려보고 있으면 샷을 망쳤을 거라면서 그에게 다시 칠 기회를 주었다. 빌의 실력이 원래 나쁜 것도 아니라 그는 트럭 운전사의 말을 말끔하게 떨쳐버리고 다음 샷을 날릴 수 있었다.

하지만 이 사건에는 매우 흥미로운 이야기가 숨어있다. 트럭 운전사가 터무니없는 발언을 했을 때 빌은 부자인 척하는 거짓말쟁이가 된 기분을 느꼈다. 그는 공을 치기 전에 트럭 운전사에게 가서 이렇게 말했어야 했다.

"제 이름은 빌 랜달(가명)입니다. 저는 절대로 부자가 아닙니다. 부자와 거리가 멀어요. 열심히 일하는 라디오 방송국 영업부장이고 친구들과 골프를 즐기러 왔습니다. 이제 입을 다물어 주신다면 제대로 된 샷을 날릴 수 있도록 최선을 다해보죠."

만약 그렇게 사실을 바로잡은 뒤 자신의 진짜 정체성으로 돌아갔더라면 빌은 멋지게 공을 날렸을 가능성이 크다. 그러나 트럭 운전사의 "부자 놈"이라는 발언에 반박하지 않았기 때문에 샷에 실패할 수밖에 없었다. 그는 나쁜 의미에서 "부자 놈"처럼 보여야만 했다. 실제로 그렇게 되었다.

만약 빌이 부자이고 그 역할에 대해 편안하게 느꼈다면 그 상황에서도 아랑곳하지 않고 멋진 샷을 날렸을 것이다. 사업 오찬에서 테이블 접시를 치우는 웨이터를 무시하듯 트럭 운전사의 무례한 발언을 무시할 수 있었을 테니까.

우리는 평소에 자신에게 어울린다고 생각하는 역할일수록 훌륭하게 수행하는 경향이 있다. 목표가 중요한 또 다른 이유다. 진지하게 어려운 목표를 세우는 즉시 우리는 그런 수준의 성취가 자연스럽게 쌓일 만한 사람이 되기 시작한다. 빌은 자신을 부자로 보지 않았다. 한 번도 그런 적이 없었다. 그는 평소에 자신이 바라보는 모습, 즉 은퇴를 향해 나아가는 대도시 라디오 방송국 영업부장으로서 자신의 역할을 바라보았다. 그는 그 역할에 만족했고 성공을 거두었다.

어쩌면 빌은 가끔 부자였으면 좋겠다고 소원을 빌었을지도 모른다. 콘서트장에서 본 피아니스트처럼 피아노를 훌륭하게 연주할 수 있기를 바랐던 여자처럼 말이다. 하지만 소원은 우리가 헌신하는 진지한 목표가 아니다. 소원과 진지한 목표를 구분하는 것은 성숙함의 표시이고 기꺼이 그 대가를 치러야 한다.

당신에게는 그만한 가치가 있는 일인가?

앞에서 정의했듯이 성공은 어려움과 노력과 헌신, 인내의 가치가 있는가? 그렇다. 물론 그럴 가치가 있다. 어떻게든 시간은 흐르게 되어있는데 이왕이면 건설적이고 생산적인 용도로 사용하면 어떨까? 그러면 모두에게 이득이고 손해 보는 사람은 아무도 없다.

성공한 사람은 노력으로 중대한 차이를 만든다. 그들은 성장과 개선을 만물의 자연스러운 이치로 보고 성취와 보상의 새로운 영역으로 성장해나간다.

헨리 데이비드 소로는 "우리가 자지 않고 깨어있는 날에야 새벽이 찾아온다."라고 했다.

의식이라는 멋진 선물을 받은 인간이 삶을 당연하게 여기면서 하루하루를 그저 의무로 살아가고, 감사할 일보다 비판할 것을 더 많이 찾으니 얼마나 안타까운 일인가. 수백만 명이 바로 그런 방식으로 삶을 살아간다.

우리에게 주어진 시간은 사실 얼마 되지 않는데도 마치 영원히 살 것처럼 행동한다. 왜 가진 전부를 쏟아붓지 않는가? 왜 자신을 철저하게 돌아보고 세상 어딘가에 보탬이 되는 방법을 찾으려고 하지 않는가? 우리는 세상에 태어났다는 이유만으로 삶을 더 좋게 만들어야 한다. 자신이 가장 잘할 수 있다고 생각하는 방식으로 다른 사람들에게 봉사해야 한다.

성공은 너무 재미있다!

특히 당신의 어린 시절보다 몇 단계나 더 높은 곳으로 이동할 수 있다면 더더욱 재미있다. 그럴 때 성공은 무엇보다 당신이 당신의 부모보다 지역 사회에 더 잘 봉사했다는 뜻이다. 그게 바로 발전이다. 당신의 아이들은 당신보다 더 잘 해낼 것이고, 계속 그렇게 발전이 이루어질 수 있다.

성공은 세상의 많은 것을 경험할 수 있도록 해준다. 콩코드나 오리엔트 특급을 타고 여행할 수 있고 원한다면 중국 해안을 따라 항해할 수도 있다. 극지방 상공을 날 수도 있다. 성공은 세상을 우리 앞에 가져다준다. 훨씬 더 큰 성공도 포함해서.

이제 새로운 방향으로 생각해보자.

이 아이디어는 어떤가? 프랑스 칸으로 날아간다. 리비에라에서 며칠을 보내고 전세 낸 요트를 타고 몇 달 동안 이탈리아와 유고슬라비아의 해안과 그리스 섬들을 여행한다. 내년에도 모험을 계속하기 위해 미리 요트를 전세 내두고 집으로 돌아가 9개월이나 10개월 동안 사업에 전념한다. 그다음에 유럽으로 돌아가 튀르

키예, 이스라엘, 이집트로 다시 여유로운 모험을 시작한다. 카이로에 잠시 들러 나일강을 거슬러 올라가면 어떨까?

매년 여름에 2~3개월 동안 지중해 주변을 탐험해도 중요한 일에 쓸 시간이 9개월이나 남는다. 아주 훌륭한 균형이다. 여유롭게 탐험을 즐기는 도중에 특별히 마음에 드는 장소가 있다면 그곳에서 원하는 만큼 머무른다. 원한다면 여름 내내 머무를 수도 있을 것이다. 매번 짐을 쌌다 풀었다 하느라 피곤할 필요도, 수하물 때문에 골치 아플 필요도 없다. 그냥 새로운 국가의 세관에서 절차를 밟으면 된다. 미국 달러는 어디서나 환영받는다. 갑판에서 여유롭게 휴식을 취하다가 리갈 패드를 꺼내 메모하고 싶어질 수도 있다.

좋은 아이디어는 언제 어디에서든 떠오를 수 있다. 그냥 생각만 하면 된다. 당신이 아드리아해나 에게해를 항해하다가 어느 이른 아침에 떠올린 아이디어가 집으로 돌아가서 일에 전념할 때 수백만 달러의 가치로 변신할 수도 있다. 여름휴가에 들어간 돈보다 몇 배나 되는 이익을 가져다줄지도 모르는 일이다.

열심히 일하느라고 보내는 시간보다 좋은 아이디어를 떠올리고 실행하는 데 쏟는 시간이 더 중요하다는 사실을 기억하자. 일년에 9개월은 열심히 일하고 3개월은 여가에 보내면 훌륭한 아이디어가 수십 개 떠오를 수 있을 것이다. 여가는 아이디어가 싹트고 성장하는 최고의 토양이다.

매년 3개월의 휴가는 전통적인 3주간의 휴가보다 더 생산적일 수 있으며 확실히 더 재미도 있다. 어떤 이유로든 며칠 혹은 일주일 동안 집으로 돌아갈 일이 생겨도 상관없다. 언제나 근처에 공항이 있으니까.

요트를 빌리는 데는 승무원과 요리사를 포함해 일주일에 2천 달러가 드는데 12주 동안 전세를 낸다고 해보자. 그러면 약 2만 5천 달러다. 여름 성수기니까 추가 요금이 들고 항공료가 필요하다. 나쁘지 않다. 요트를 사서 보험에 들고 1년 내내 유지하는 것보다 훨씬 저렴하다. 10년 동안 계속 요트를 빌리는 쪽을 택해도 요트를 사서 유지하는 데 드는 비용보다 훨씬 많은 돈을 절약할 수 있다.

게다가 만약 3개월 동안 지중해를 떠돌면서 2만 5천 달러의 가치가 있는 아이디어를 떠올리지 못한다면 생각을 아예 안 한 것이나 마찬가지다. 노란색 리갈 패드와 잘 나오는 볼펜을 몇 개 챙겨가는 것만 잊지 마라. 유레카라는 이름의 요트를 찾을지도 모른다! 당연히 그리스 어딘가에서….

우리는 평소 생각하는 자신의 모습과 잘 어울리는 역할일수록 더 잘 수행해내는 경향이 있다. 그러니 실제로 지중해 항해를 한다면 당신의 자아상에 놀라운 영향을 끼칠 것이다. 유럽 자본으로 사랑스러운 유럽 스타일의 미국인 은퇴자들을 위한 마을을 짓기에 딱 맞는 장소를 찾을 수 있을지도 모른다. 여유로운 세계 여행은 좋은 아이디어를 끝도 없이 샘솟게 해줄 것이다. 작고 색다른 마을을 돌아다니면서 발견한 아주 사소한 물건에서 영감을 얻어 미국에서 큰 성공을 거둘지도 모르는 제품 아이디어가 나올지 누가 아는가?

말이 나온 김에 요트를 빌리는 데 2만 5천 달러가 아니라 그 두 배의 비용이 든다고 생각해보자. 그러면 여름 한 철에 5만 달러를 써야 한다. 그래도 10년 동안 매년 여름마다 요트를 빌리는 비용이 요트를 직접 사서 관리하는 것보다 훨씬 저렴하다.

꼭 요트를 사고 싶다면 요트를 소유해서 좋은 이유는 단 한 가지뿐이다. 요트가 당신에게 매우 중요하다면 긁힘, 페인트칠 등 해마다 요트에 발생할 수 있는 문제들과 수리, 등록, 보험 같은 문제들은 걱정하지 마라. 요트뿐만 아니라 비행기, RV 등 무엇이든 사도 된다. 당신이 정당하게 얻은 보상이므로 당신이 원하는 대로 하는 것이 가장 중요하다. 사람은 자신만의 장난감이 필요하다. 그런 부분에서 실용성은 따지는 것은 아무런 의미가 없다. 실용성의 정반대를 선택해야 할 때도 있다.

지중해 연안 항해 이야기를 꺼낸 이유는 당신의 마음을 잠시 평범한 풍경에서 벗어나게 해주고 싶었기 때문이다. 때때로 새로운 방향으로 생각을 트는 것이 중요하다. 자주 할수록 좋다. 천재는 "새로운 방향으로 생각할 줄 아는 사람"이다. 당신이 아는 모든 위대한 천재들의 특징이 그렇지 않은가? 위대한 예술가와 작곡가, 작가, 발명가는 모두가 새로운 방향으로 생각하고 새로운 것을 만든 창조자다.

사람은 저마다 다양한 모습으로 삶을 살아가지만 결코 삶이 지루해서는 안 된다. 지루함으로 시간을 낭비하기에는 인생이 너무 짧다. 물론 지루할 때도 있지만 필요 이상으로 그래서는 안 된다. 회의는 최대한 짧고 실제 안건에 충실해야 한다. 약간의 준비와 독창성만 있으면 회의 시간도 흥미로워질 수 있다.

매릴린 퍼거슨Marilyn Ferguson은 그의 훌륭한 저서 《의식혁명》에 이렇게 적었다.

"배우고 가르치지 않는다면 깨어있지 않고 살아있지 않은 것과 같다. 배움은 건강과 같을 뿐 아니라 건강 그 자체다."

포르토피노 항구에 정박한 요트의 조종석에 앉아있어도 금요일 오후 3시에 뉴욕의 사무실에 앉아있는 것만큼이나 지루할 수 있다. 하지만 배우고 가르치는 사람은 절대 지루하지 않다. 그 순간에는 지루함이 존재하지 않는다. 당신이 나와 비슷하다면 매일 배우고 가르치지 않으면 안 될 것이다.

나는 그것을 '작업'이라고 부르지만 나에게 배우고 가르치는 일은 읽고 쓰는 것(가르치기)에 해당한다. 나는 가치 있는 일을 해야만 여가나 주말을 충분히 즐길 수 있다. 아마 40년 동안 일한 결과겠지만 일과 놀이의 균형이 필요하다. 둘 다 완전히 즐겨야 한다. 내가 몇 살이 되더라도 배움에 관심이 사라지거나 배운 것을 다른 사람들이 이해하고 즐기고 전파할 수 있도록 언어로 표현하는 일에 관심이 사라지는 일은 절대로 없을 것이다. 아무래도 이게 내 강점인 것 같다.

이 책의 지침을 따르는 사람이 실제로 성공할 확률은 얼마나 될까? 그 사람이 실패할 가능성은 거의 없다고 말하고 싶다. 그만큼 성공 확률이 높다. 아니, 성공할 수밖에 없다! 만약 그 사람이 목표형 인간이라면 목표를 세우기 전에 준비하는 과정에서 이미 성공할 것이다. 그리고 만약에 사명형 인간이라면 그 사명에서 벗어나지 않는 한 자동으로 성공한다.

전문 요리사가 되기로 결심한 사람이 실제로 전문 요리사가 될 확률이 얼마나 되는지와 똑같은 질문이다. 그 사람이 전문 요리사 말고 뭐가 되겠는가? 목표에 완전히 헌신할 때 그렇다는 것을 명심하자.

이 말을 기억해야 한다. "미국인들은 그들이 되기로 한 것은 무엇이든 될 수 있다. 문제는 그들이 결정을 내리지 않는다는 것이다."

어느 날 아침 시계 달린 라디오의 알람이 울리기 15분 전에 일어났다. 편안하게 누워서 호사를 누리는 기분은 최고였다. 문득 삶 자체가 보상이라는 생각이 떠올랐다. 삶 자체는 기적과도 같은 성취이고 가장 큰 상을 받는 것과 같다는 생각이 들었다. 주어진 삶으로 무엇을 할지는 케이크에 크림을 장식하는 것과도 같다.

젊은이들이 묻는다. "삶의 목적은 무엇인가?" 삶의 목적은 봉사이고, 무슨 일을 어떻게 해서 사람들에게 서비스를 제공할지는 각자의 선택이다. 자신이 원하는 일이라면 무엇이든 할 수 있다. 그것이야말로 실존주의자들의 끔찍하고도 경이로운 자유다.

형태를 막론하고 삶 그 자체가 이토록 놀라운 성취라는 사실을 그렇게 강하게 의식해본 적은 처음이었다. 알베르트 아인슈타인 박사도 삶에 대해 그렇게 느꼈을 것이다. 그가 매우 다양한 형태의 삶을 존중한 이유도 그래서였으리라.

삶을 실제로 경험할 수 있어서 우리는 운이 좋다. 우리가 세상에 존재하는 이유이기도 한 만큼 타인을 위해 가치 있는 일을 할 수 있는 기회가 다양하게 주어지고 타인 역시 우리를 위해 봉사한다. 따라서 우리에게 주어진 일을 최대한 탁월하고 창의적으로 해내는 것이 중요하다. 새롭고 더 나은 방법을 생각해내 일에 쏟는 시간으로 얻는 보상을 극대화해야 한다.

지속적인 교육이 우리에게 어떤 영향을 미치는지에 대한 기사를 읽은 적이 있다. 교육은 별다른 비용이 들지 않는 것들을 사랑하는 법을 가르쳐준다. 떠오르는 해와 저무는 해, 지붕과 창문을 세차게 때리는 빗소리, 겨울날 소복하게 내리는 눈을 사랑하게 된다. 나아가 좋은 교육은 삶을 그 자체로 사랑하게 해준다. 알람이 울리기 전에 깨어난 그날 아침에 내가 깨달은 사실이었다.

살아있다는 것, 살아있는 것 자체만으로 우리는 승리했다. 주어진 삶에 어떤 성취를 보탤 것인지는 각자에게 달렸다. 누구나 세상에서 자신의 위치를 찾고 어떤 일을 통해서든 손길을 보탤 수 있다. 세상의 잣대로 보기에 그리 대단하지 않더라도 상관없다.

어느 날 아침, 다이애나와 나는 하와이에 있었다. 아직 칠흑같이 어두운 새벽 5시였지만 하늘은 맑고 별이 가득했다. 우리는 수영복으로 갈아입고 물이 어깨에 닿을 때까지 바다로 걸어갔다. 서로를 꺼안고 깨끗하고 따스한 바람을 들이마시며 바다에서 여유로움을 음미했다.

서로의 온기가 따뜻하게 전해져왔다. 우리가 지켜보는 동안 동쪽 하늘이 조금씩 밝아지더니 크고 험준한 바위투성이 화산이 새벽하늘을 배경으로 선명하게 윤곽을 드러냈다. 아, 살아있다는 것은 얼마나 큰 기쁨인가!

> "믿음을 가지고 자신의 꿈이 있는 방향으로 나아가다 보면, 그리고 상상했던 삶을 살려고 노력하다 보면 예상치 못한 순간에 성공을 만날 수 있다."
>
> - 헨리 데이비드 소로

전 세계 1%만이 알고 있는 부와 성공의 진리

사람은 생각하는 대로 된다

초판 1쇄 발행   2023년 08월 25일
초판 2쇄 발행   2023년 09월 26일

지은이   얼 나이팅게일
옮긴이   정지현
펴낸이   최현준

편집   이가영, 구주연
디자인   김애리

펴낸곳   빌리버튼
출판등록   2022년 7월 27일 제 2016-000361호
주소   서울시 마포구 월드컵로 10길 28, 201호
전화   02-338-9271
팩스   02-338-9272
메일   contents@billybutton.co.kr

ISBN   979-11-92999-13-5 03320